KREATIVE
IDEEN FÜR
KÜCHEN

KREATIVE
IDEEN FÜR
KÜCHEN

GILLY LOVE

KÖNEMANN

Für Judith, Charlie, Emily und Georgia und deren spezielle Küche

Originalausgabe 1997
Conran Octopus Limited
37 Shelton Street
GB - London WC2H 9HN

Text © 1997 Gilly Love
Design und Layout © 1997 Conran Octopus Limited
Originaltitel: Making the most of kitchens

© 1998 für die deutsche Ausgabe:
Könemann Verlagsgesellschaft mbH
Bonner Str. 126, D-50968 Köln
Übersetzung aus dem Englischen:
Franca Fritz, Heinrich Koop
Redaktion und Satz:
Lesezeichen Verlagsdienste, Köln
Herstellungsleitung: Detlev Schaper
Herstellungsassistenz: Nicola Leurs
Montage: Reproservice Pees, Essen
Druck und Bindung:
Kossuth Printing House Co., Budapest
Printed in Hungary

ISBN 3-8290-0539-3

10 9 8 7 6 5 4 3

INHALT

EINLEITUNG

Die Küche sollte nicht nur reibungsloses und sicheres Arbeiten gewährleisten, sondern auch ein behaglicher Raum sein, in dem man sich gerne aufhält. Deshalb ist die Planung einer Küche vergleichbar mit einem Drahtseilakt. Wenn Sie sich selbst gegenüber ehrlich sind und eine realistische Planung erstellen, die Ihrem Lebensstil, Ihrem Budget und Ihren Gewohnheiten als Koch und Gastgeber entspricht, werden Sie an Ihrer Küche ein ganzes Leben lang Freude haben.

IHR DA OBEN,
WIR DA UNTEN

Bei der Gestaltung dieses großen Wohn-
bereichs ging es vor allem darum, das
vorhandene natürliche Licht möglichst
vorteilhaft einzusetzen. Die niedrige
Trennwand separiert Koch- und Eßbereich, ohne den Lichteinfall zu behin-
dern: Die Köchin oder der Koch kann
sich mit den schon am Tisch sitzenden
Gästen unterhalten, anstatt mit dem
Rücken zu ihnen zu arbeiten. Der ein-
heitliche, blaue Anstrich von Trenn-
mauer, Boden, Arbeitsflächen und Sockel
der Küchenzeile verbindet die beiden
Teile des Raumes optisch miteinander.

Der ganze Raum vermittelt ein Gefühl
der Leichtigkeit und Offenheit; dies liegt
unter anderem an den winzigen, aber
leistungsstarken Niedervolt-Halogen-
lampen, die dank ihrer filigranen Auf-
hängung frei im Raum zu schweben
scheinen. Diese Illusion wird noch ver-
stärkt durch das dicke Glasregal, das
unsichtbar an der Wand befestigt ist und
ebenfalls schwerelos wirkt.

Die niedrige Wand verbirgt die not-
wendigen Versorgungsleitungen; nur so
konnte die Küchenspüle in die Mitte des
Raums plaziert werden. Darüber hinaus
bietet die Mauer zusätzliche Stellfläche
und dient als »Durchreiche«.

EINE NEUE KÜCHE PLANEN

Nur wenige Menschen wagen sich an ein Projekt wie den Umbau einer Küche, ohne einen Experten zu Rate zu ziehen. Die Investition in eine neue Küche stellt eine finanzielle Belastung dar, und wenn alle Vorstellungen möglichst erfolgreich und problemlos in die Realität umgesetzt werden sollen, sind eine Vielzahl von Entscheidungen zu treffen, die sorgfältig durchdacht und genau koordiniert sein wollen. Ein knapp bemessenes Budget ist manchmal eine willkommene Einschränkung, da es hilft, Prioritäten zu setzen und vor dem Kauf von am Ende überflüssigen Möbeln, Küchenelementen und Elektrogeräten schützt. Eine sorgfältig geplante und behagliche Küche ist allerdings auch ein wichtiges Verkaufsargument, wenn man sein Haus einmal veräußern möchte. Natürlich können Sie sich

auch für frei stehende Möbel oder Küchenelemente entscheiden, denn derartiges Mobiliar läßt sich nach einem Umzug leicht wieder in Ihr neues Heim integrieren.

Bei der Planung einer völlig neuen Küche sollten Sie auf die Dienste eines Innenarchitekten zurückgreifen, vor allem, wenn Sie mit der Größe oder der Lage des bisherigen Raums nicht mehr zufrieden sind. Manchmal stellt der Umzug einer Küche von einer Etage zur anderen, von der Vorder- zur Rückseite des Hauses oder der Abriß einer Wand mit anschließender Verbindung von Küche und Eßzimmer einfach eine bessere Lösung dar als die reine Neuausstattung eines bereits existierenden Raums. Ein guter Innenarchitekt wird Ihnen nicht nur sagen, was bautechnisch möglich ist, sondern Ihnen auch Skizzen und Zeichnungen vorlegen können, die die verschiedenen Alternativen veranschaulichen. Wenn Sie einen größeren Umbau des Hauses planen, bietet ein Architekt als Projektleiter unschätzbare Vorteile: Die Koordinierung der am Umbau beteiligten Handwerker und die pünktliche Fertigstellung des Projekts sind schwierige Aufgaben, die man am besten dem Fachmann überläßt. Und selbst wenn Sie nur eine bereits bestehende Küche renovieren wollen, könnte ein Innenarchitekt dem Raum durch das Versetzen einer Tür oder eine zusätzliche Fenstergaube völlig neue Funktionalität oder Atmosphäre verleihen.

Bedenken Sie bei der Arbeit mit einem Innenarchitekten oder dem Planungsbeauftragten eines Küchenfachstudios, daß diese in hohem Maße auf Ihre Vorstellungen und Impulse angewiesen sind, um den für Sie idealen Entwurf zu entwickeln.

HELL, KLAR UND LUFTIG

Küchenspülen müssen heutzutage nicht mehr vor ein Fenster plaziert werden – dennoch findet man sie dort noch oft. Bei der hier abgebildeten Küche (links) wurde die Spüle in eine Kochinsel integriert, so daß man beide Fenster leicht erreichen kann. Außerdem schaut man beim Abwaschen in Richtung des Eßtischs, anstatt möglichen Besuchern den Rücken zuzukehren.

Obwohl der Raum so geteilt wurde, daß die funktionale Küche sich am Kopfende befindet, fügt sich diese problemlos in den Eßbereich ein. Das vom Porzellan bis zur Stoffauswahl konsequent und effektiv angewandte blau-weiße Farbschema erzeugt eine ruhige und dennoch lebendige Atmosphäre. Andere Farben sind nicht zugelassen – abgesehen von den neutralen Tönen der Stühle, Metallpfannen und dem schmiedeeisernen Kerzenleuchter.

Die gut gepolsterte Sitzbank unter dem Fenster und dicke Kissen auf den Stühlen sorgen für Gemütlichkeit. Hier finden alle Haushaltsmitglieder zusammen, um vor dem unauffällig plazierten Fernseher zu entspannen oder ein fröhliches Familienessen zu genießen.

FUNKTIONALER ARBEITSPLATZ

Bei einem begrenzten Platzangebot brauchen Sie einen funktionalen Arbeitsplatz mit strapazierfähigen Oberflächen, die sich problemlos sauberhalten lassen. Die Abbildung (rechts) zeigt eine aus einem Stück gefertigte Arbeitsoberfläche aus Edelstahl, in die Spüle, Herd und ein Bereich zur Vorbereitung der Lebensmittel integriert sind. Edelstahl ist vollkommen hitzebeständig und widerstandsfähig gegen Verfärbungen, die durch säurehaltige oder färbende Lebensmittel entstehen können. In diesem Fall wurde die Fläche über die Oberkante der Unterschränke hinaus verlängert, damit deren Oberflächen vor heißem Fett und Lebensmittelresten geschützt sind.

Unter dem Dunstabzug – der den kleinen Arbeitsbereich problemlos entlüftet – befindet sich ein helles Arbeitslicht. Der hölzerne mobile Tisch mit feststellbaren Rollen bietet zusätzliche Arbeitsfläche. Regale und Hängeborde hinter dem Kochbereich wurden in die Wand eingelassen. Die schmalen, D-förmigen Handgriffe der Unterschränke und Schubladen sind in einer engen zweizeiligen Küche sicherer als Türknöpfe, an denen der Koch hängenbleiben könnte.

Als erstes sollten Sie die Vor- und Nachteile Ihrer jetzigen Küche genau auflisten. So besitzt ein Großteil aller Küchenzeilen eine Standardhöhe von 90 cm, was sehr große oder sehr kleine Menschen benachteiligt. Speziell angefertigte Möbel oder Küchenzeilen mit höhenverstellbaren Sockeln sind eine enorme Erleichterung für großgewachsene Küchenchefs, die zuvor gezwungen waren, mit gekrümmtem Rücken zu arbeiten.

Die Anforderungen an eine Familienküche ändern sich mit der Entwicklung der Familiengröße. Eine Familie mit Kleinkind entscheidet sich vielleicht für kindersichere Schrankgriffe und benötigt einen Platz in der Küche, wo ein Kind unter den wachsamen Augen eines in der Küche arbeitenden Elternteils spielen kann. Wenn die Kinder älter werden und ihr Essen selbst zubereiten wollen, muß man wiederum berücksichtigen, daß sie dazu ihren eigenen Platz und andere Küchenutensilien benötigen.

Die Zeit, die Sie für eine genaue Aufstellung Ihrer Vorlieben, Abneigungen, Bedürfnisse und Prioritäten benötigen, ist eine sinnvolle Investition. Es lohnt sich, im Planungsstadium auch noch das kleinste ärgerliche Detail zu notieren. Wenn Sie Geschirrspülmaschinen unter der Arbeitsfläche hassen, gibt es keinen Grund, warum Sie Ihren Geschirrspüler nicht auf Hüfthöhe einbauen sollten; und wenn die Waschmaschine in der Küche Sie stört, dann suchen Sie ihr einen anderen Platz im Haus.

ZU BEGINN

Der beste Weg zur gelungenen Küchenplanung beginnt mit der Plazierung der Hauptfunktionsbereiche – Kochbereich, Spüle und Kühlschrank. Bei der Gestaltung eines funktionalen und sicheren Arbeitsbereichs zwischen die-

SCHLICHT UND SCHÖN

Handwerklich perfekt gearbeitete Küchen umgibt eine Aura exquisiter Schlichtheit. Dabei ist es unerläßlich, daß man nur beste Materialien verwendet und jedes Detail peinlich genau ausführt. Harthölzer wie Ahorn oder Teak werden im Lauf der Zeit immer schöner, benötigen aber eine regelmäßige Versiegelung mit Öl. In dieser Küche (links) wurde die Arbeitsfläche aus einem einzigen Stück Massivholz angefertigt, so daß keinerlei Nahtstellen zu sehen sind, durch die Wasser eindringen könnte. Aus dem gleichen Grund wurde die Spüle von unten an der Arbeitsfläche befestigt und an den Rändern versiegelt.

Der dunkle Glanz des Naturholzes wird durch die weiß lackierte Holzverkleidung der Wände noch hervorgehoben, die ihrerseits einen attraktiven Kontrast zu den dunkelbraun gebeizten Unterschränken und Schubladenfronten bildet.

Über der Arbeitsfläche stützen einfache Wandarme zwei schmale Regalborde für häufig benutzte Utensilien.

BEVOR SIE BEGINNEN

- Legen Sie ein realistisches Budget für die Küche fest, das zum Wert des Hauses in Relation steht.

- Bei einer kompletten Neugestaltung sollten Sie noch vor Planungsbeginn klären, ob der existierende Raum die beste Lage für die Küche bietet. Vielleicht ist ein anderes Zimmer als Küche viel besser geeignet?

- Haben Sie die Zeit und das Fachwissen, um ein derartiges Projekt allein zu bewältigen, oder benötigen Sie die Hilfe eines Fachmanns?

- Erstellen Sie eine möglichst ausführliche Liste Ihrer Wünsche an die »ideale« Küche.

- Besuchen Sie Küchenfachgeschäfte und Ausstellungsräume, und sammeln Sie Ideen für das Design und das Erscheinungsbild Ihrer Küche. Versuchen Sie, die Küchen Ihrer Freunde und Bekannten mit anderen Augen zu betrachten, und fragen Sie sie, ob sich gut darin arbeiten läßt.

- Legen Sie eine Mappe mit Bildern aus Wohnzeitschriften und eine Liste von Fachgeschäften für Küchenausstattung an – von Böden, Möbeln und Elektrogeräten bis zur Beleuchtung. Vergleichen Sie Preise und Lieferzeiten.

sen Elementen ergibt sich als bestmögliche Anordnung eine durchgehende Linie oder ein »Arbeitsdreieck«. Die Küchenzeile sollte nicht länger als 5–7 Meter sein. Selbst wenn Sie in Ihrer Küche nur Tee kochen wollen, sollte die Position von Kessel oder Wasserkocher, Wasserversorgung, Tee, Zucker, Tassen und Kühlschrank (mit der Milch) so durchdacht sein, daß Sie für einen Arbeitsablauf nicht von einem Ende der Küche zum anderen laufen, und dabei vier oder fünf Schränke öffnen müssen.

Die einzeilige Küche, bei der der Arbeitsplatz aus einer durchgehenden Zeile von mindestens drei und nicht mehr als acht Schrankelementen besteht, wobei die Arbeitsfläche von der Spüle und der Kochmulde unterbrochen wird, ist wahrscheinlich die einzige Lösung für langgestreckte, schmale Räume. Dieses Modell eignet sich auch für Ein-Zimmer-Apartments, in denen man die Küchenzeile hinter einem Paravent verstecken kann; vor allem, wenn sie einmal nicht aufgeräumt ist.

Das ursprünglich auf Schiffen, kleineren Yachten und Flugzeugen beheimatete Prinzip der zweizeiligen Küche hat inzwischen auch im Bereich der Innenarchitektur viele Freunde gefunden. Ein derartiges Konzept eignet sich besonders für kleine Küchen. Die zweizeilige Küche hat Schrankelemente an zwei parallel verlaufenden Wänden, wobei auf einer Seite Spüle und Herd – mit einer dazwischen liegenden Arbeitsfläche – und auf der anderen Seite der Kühlschrank angeordnet sind. Der Korridor zwischen den beiden Zeilen sollte mindestens 1,5 Meter breit sein, damit Unterschränke und Schubladen gut zu öffnen sind.

Der traditionelle Entwurf einer Küche mit Kochinsel weckt Erinnerungen an Bauernküchen oder an die Dienstbotenräume im Souterrain stattlicher Landsitze, wo der große Tisch in der Mitte gleichzeitig als Arbeitsfläche diente, auf der man Teig ausrollte, frisch gebackene Torten mit Zuckerglasur versah oder Gemüse putzte. Der zusätzliche zentrale Arbeitsplatz läßt sich mit einer kleinen Spüle und

INSELN UND FINDLINGE

Eine Seite dieses Souterrains (links auf dieser Seite) wurde in eine kleine Küche verwandelt, wobei der Herd, sämtliche Arbeitsflächen und zwei separate Spülen in eine Kochinsel integriert sind.

Wenn Sie eine Kochinsel auch als Eßplatz benutzen wollen, sollten Sie auf genügend Beinfreiheit achten (links). Die Platte muß den Sockel um mindestens 30 cm überragen. Auch Besucher werden diesen Platz dem Eßtisch vorziehen, während Sie das Essen zubereiten; vor allem, wenn dazu ein Aperitif angeboten wird und ein Barhocker als Sitzgelegenheit vorhanden ist. Eine Kochinsel kann auch als praktische Anrichte dienen und eignet sich hervorragend für gesellige Buffets.

Kochinseln kommen nur in großen Räumen gut zur Geltung (Seite 12). Der Unterbau dient oft als Vorratskammer und Stauraum für Lebensmittel und Küchengeräte.

Aus Sicherheitsgründen sollten alle Kochinseln mit Stromanschlüssen ausgestattet sein, damit man Küchenmaschine, Mixer und Entsafter an Ort und Stelle anschließen kann, ohne daß sich deren Zuleitungen gefährlich durch den ganzen Raum spannen.

sogar mit einer Kochmulde ausstatten – allerdings werden dadurch ein zusätzlicher Stromanschluß und ein Dunstabzug in der Mitte des Raums erforderlich, was besonders in Mietwohnungen schwierig zu bewerkstelligen sein wird. Eine solche Kochinsel entspricht aber auch dem geselligen Charakter einer Küche, denn wir alle werden magnetisch von einem Ort angezogen, an dem der Koch wirkt. Eine Kochinsel ist die ideale Lösung, wenn Familie und Freunde gern zusammen kochen.

L- oder U-förmig angelegte Küchen, bei denen das Arbeitsdreieck (Kochen, Spülen, Kühlen) zwischen zwei oder drei Wänden liegt, eignen sich sowohl für kleine als auch für große Räume. Allerdings sollten Sie bei besonders großzügigen Räumen darauf achten, in den Randbereichen nur solche Dinge unterzubringen, die nicht allzu oft benötigt werden. Wenn Sie Ihre Küche mit einem Eßbereich kombinieren, sollten Sie die Position des Eßtischs sorgfältig auswählen, damit Ihr Raum noch großzügig und offen wirkt und der Arbeitsbereich nicht eingeengt wird.

Der Kochbereich

Lediglich die Kochmulde muß einen Eckpunkt des Arbeitsdreiecks bilden; dagegen könnten der Backofen oder eine Mikrowelle völlig unabhängig in einem Oberschrank untergebracht werden. Ein Backofen auf Augenhöhe ist besonders praktisch für den vielbeschäftigten Koch, der mit

IN DER ECKE

L-förmige Küchen eignen sich besonders für Räume, in denen auch ein Eßtisch untergebracht ist. In dieser großzügigen Küche (links) bestehen die Arbeitsflächen aus dem gleichen Holz wie die Eßtischplatte. Aufgrund der fehlenden Hängeschränke und der schlichten, weiß gestrichenen Ziegelwände wirkt der Raum wie ein Eßzimmer, obwohl er eine durchdachte Arbeitsküche beherbergt. Die hohen Schubladen mit gläsernen Fronten werden von vielen Köchen den geschlossenen Unterschränken mit Türen vorgezogen, da der gesamte Inhalt von vorne und oben gut zu sehen ist.

Küchen mit begrenzter Arbeitsfläche (Seite 14) sollten durch einen Eßtisch ergänzt werden, der auch zur Vorbereitung von Lebensmitteln dienen kann. Dieser Tisch hat eine strapazierfähige Oberfläche aus Marmor – großartig zum Ausrollen von Teig, aber im allgemeinen zu teuer als durchgehende Arbeitsfläche für die gesamte Küche. Ein Planungskonzept, das Arbeitsoberflächen aus einer Vielzahl von Materialien vorsieht, ist durchaus praxisorientiert: Diese Küche verfügt über eine Spüle zum Waschen von Gemüse, eingerahmt von einer Edelstahl-Arbeitsfläche und einem massiven hölzernen Hackklotz.

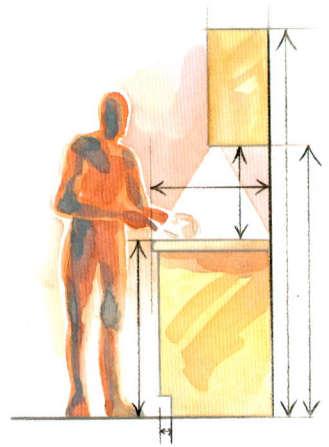

Eine nach Maß angefertigte Küche (rechts und Seite 17) hat den Vorteil, daß sämtliche Elemente auf die bequemste Arbeitshöhe des jeweiligen Kochs gebracht werden können.

Im allgemeinen gilt: Die Arbeitsfläche sollte sich auf Hüfthöhe befinden, so daß Ihre Arme bei der Arbeit entspannt sind – obwohl einige Tätigkeiten wie das Ausrollen von Teig auf einer etwas niedrigeren Arbeitshöhe leichter von der Hand gehen. Die Standardtiefe einer Arbeitsfläche liegt bei 60 cm; dies entspricht auch der Normtiefe der meisten großen Haushaltsgeräte. Hängeschränke sollten so aufgehängt werden, daß sich ihr Boden etwa 50 cm über der Arbeitsfläche befindet.

einem Seitenblick erfassen will, ob etwas anbrennt; außerdem bleibt der Ofen dadurch außerhalb der Reichweite kleiner Kinder. Ferner sollte der Herd aus Gründen der Funktionalität und Sicherheit auf beiden Seiten von hitzebeständigen Arbeitsflächen flankiert werden. Ein weiteres Muß ist heutzutage ein Dunstabzug über dem Herd. Bei besonders leistungsfähigen Modellen werden Küchendünste und Wasserdampf durch ein Rohr abgesaugt und nach außen geleitet; preiswertere Alternativen saugen die Luft über dem Kochbereich durch einen Vliesfilter.

Der Spülbereich

Sofern der Platz es zuläßt, ist ein Doppelspülbecken die praktischste Lösung. Sie können das Geschirr in einem Becken abwaschen und im anderen nachspülen, oder Salat im linken Becken abtropfen lassen, während Sie im rechten Fische ausnehmen.

Früher plazierte man die Küchenspüle immer möglichst unter ein Fenster – wahrscheinlich, um der Hausfrau den Abwasch durch den Ausblick ins Freie etwas zu versüßen. Allerdings haben das Aufkommen und die Verbreitung der Geschirrspülmaschine die zeitliche Dauer dieser recht unangenehmen Aufgabe stark schrumpfen lassen, so daß der Ausblick kein Grund mehr sein dürfte. Vielmehr sollten Sie mit dem in die Küche einfallenden natürlichen Licht diejenigen Bereiche ausleuchten, in denen Sie mit Messern arbeiten oder Dekorationsarbeiten verrichten.

Denken Sie bei der Plazierung Ihrer Spüle auch an einen Platz für häufig benutzte Reinigungsmittel. Vielleicht entscheiden Sie sich für ein in die Spüle eingebautes Abfallbeseitigungssystem; auf jeden Fall benötigen Sie aber einen

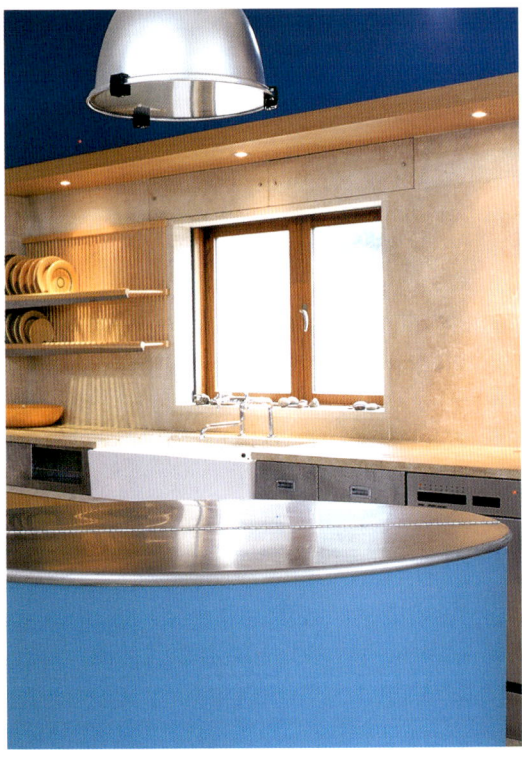

Abfallbehälter, am besten mit getrennten Bereichen für Kunststoffe, Papier, Bioabfälle und Restmüll.

Vielfach ist in der Küche auch die Waschmaschine untergebracht, denn nur die wenigsten Etagenwohnungen verfügen über eine separate Waschküche oder einen Hauswirtschaftsraum, in dem die Wäsche gewaschen und gefaltet oder gebügelt wird. Dabei ist es aus rein hygienischen Erwägungen natürlich angenehmer, wenn man Schmutzwäsche und Lebensmittel räumlich voneinander trennen kann. Vielleicht kommt das Badezimmer als Alternative in Frage? Dadurch würde Platz in der Küche geschaffen, den Sie zum Einbau eines vielgeliebten Geräts nutzen könnten, z.B. einer Geschirrspülmaschine.

TIPS FÜR DEN UMGANG MIT HERSTELLERN UND HANDWERKERN

■ Lassen Sie sich Angebote mehrerer Firmen erstellen, bevor Sie sich festlegen. Außerdem könnten Sie Empfehlungen über die Hersteller einholen und versuchen, einige ihrer vor kurzem fertiggestellten Küchen zu besichtigen. Achten Sie dabei besonders auf die Qualität der handwerklichen Ausführung und fragen Sie die Besitzer, ob sie mit dem Resultat zufrieden sind, ob und welche Nachbesserungen erforderlich waren und wie diese durchgeführt wurden.

■ Bestehen Sie bei sämtlichen Arbeiten, Materialien und Geräten auf genau spezifizierte Rechnungen und achten Sie darauf, daß die Spezifikationen exakt Ihren Wünschen entsprechen.

■ Eine Beratung durch einen Innenarchitekten oder Küchenberater kann von großem Vorteil sein – aber lassen Sie sich keinen Entwurf aufdrängen.

■ Stellen Sie Ihren eigenen, realistischen Zeitplan auf. Dabei sollten Sie eine zusätzliche Zeitspanne für unvorhergesehene und unvermeidliche Ereignisse wie Lieferverzögerungen einkalkulieren.

Der Kühlbereich

Es gibt drei Orte, um Lebensmittel zu lagern: den Speiseschrank, den Kühlschrank und den Gefrierschrank. Frische Lebensmittel wie Obst und Gemüse lassen sich am besten in einem klimatisierten Speiseschrank oder im Keller aufbewahren; Fleisch und Milchprodukte benötigen eine stärkere Kühlung, wie sie ein Kühlschrank bietet. Dagegen dient der Gefrierschrank zur Lagerung von frischen oder zubereiteten Lebensmitteln über einen längeren Zeitraum hinweg. Im Handel sind aber auch moderne Kühl-Gefrier-Kombinationen erhältlich, die alle drei Kältezonen in einem Gerät vereinigen. So bleibt es letztendlich Ihnen überlassen – oder dem Platzangebot in Ihrer Küche –, ob Sie eine Kombination oder lieber einen separaten Gefrierschrank kaufen wollen. Die Suche nach einem energiesparenden Modell lohnt sich langfristig.

Wenn Sie Ihre Kühlgeräte einbauen wollen, sollten Sie aus ökonomischen und aus Sicherheitsgründen auf eine ausreichende Luftzufuhr achten, die entweder von oben oder von hinten erfolgen kann.

DIE DURCH-FÜHRUNG

Nachdem Sie sich mit all diesen praktischen Erwägungen theoretisch auseinandergesetzt haben, fühlen Sie sich wahrscheinlich sicher genug, Ihre neue Küche in eigener Regie zu planen und zu organisieren. Allerdings könnte es auch sein, daß Sie nun mehr denn je auf die Fachkenntnisse einer Firma zurückgreifen wollen. Für diesen Fall bieten die meisten Küchenspezialisten einen Entwurfs-Service (meist in Computerausführung) an. Dieser Entwurf ist kostenlos, sofern die entsprechende Firma auch den Auftrag zur Ausführung erhält.

Es lohnt sich, möglichst viele Küchenausstellungen zu besuchen: Sammeln Sie Tips und Ideen in einer Mappe, die alle Entwürfe, Materialien und Farben enthält, die Ihnen gefallen. Darüber hinaus könnten Sie Seiten aus Broschüren und Magazinen ausschneiden und damit beginnen, Ihre Wunschküche zu entwerfen.

Bestellen Sie nie eine Küche aus dem Katalog, ohne vorher im Ausstellungsraum die Qualität der Einzelteile überprüft zu haben. Wenn Sie sich bei einer Firma unsicher sind und niemanden kennen, der Ihnen eine persönliche Empfehlung geben kann, lassen Sie sich die Namen früherer Kunden in Ihrer Region geben, die Sie anrufen oder besuchen können. Kleinere ortsansässige Firmen sind im allgemeinen auf ihren Ruf bedacht, aber es lohnt sich zu prüfen, ob sie auch nach dem Kauf noch guten Service bieten. Bei der Begleichung Ihrer Rechnung sollten Sie nicht zu vorschnell sein: Bezahlen Sie die letzte Rate erst, wenn die Küche zu Ihrer Zufriedenheit aufgebaut ist.

Wenn Sie die Küche selbst aufbauen wollen, müssen Sie die Termine für Elektriker und Installateur koordinieren. Denken Sie daran, daß der Einbau einer neuen Küche oft mehr Zeit erfordert, als ursprünglich vorgesehen und daß es günstiger ist, eine Küche im Sommer aufzubauen, wenn man auf warme Speisen und Getränke ein paar Tage verzichten kann. Versuchen Sie bei der Planung der Bauarbeiten darauf zu achten, daß diese zeitlich nicht mit einer besonders hektischen Phase an Ihrem Arbeitsplatz zusammenfallen; das führt zu unnötigem Streß.

DESIGN IM DETAIL

Eine separate Spüle zum Putzen von Gemüse und Obst ist sehr praktisch, dagegen eignet sich eine Arbeitsfläche aus Hartglas (Seite 18, links) trotz ihrer Strapazierfähigkeit und ihres ästhetischen Reizes nicht zum Hacken und Schneiden. Darunter befindet sich ein Küchenblock mit einer Arbeitsplatte und Seitenverkleidungen aus kühlem Stein. Auf den an der Decke befestigten Regalborden aus Edelstahl stehen glänzende Töpfe, die von der Arbeitsfläche aus leicht zu erreichen sind.

Eingelassene Handgriffe mit versenkten Ringösen (Seite 18, rechts oben) findet man vor allem auf gut ausgestatteten Segelyachten, wo hervorstehende Knöpfe oder Handgriffe potentiell gefährlich wären. Dabei eignet sich diese klare, schlichte Lösung ebensogut für die Schubladen und Schränke einer belebten Küche, wo der Koch mit seiner Kleidung versehentlich an einem hervorstehenden Griff hängenbleiben könnte.

Die drei Regalborde aus Glas (Seite 18, rechts unten) in der Zimmerecke scheinen vor der Wand zu schweben. Dieser pastellfarbene, glänzende Blickfang wird durch das strahlend helle Licht eines eingelassenen Deckenstrahlers noch zusätzlich hervorgehoben.

KLARES KONZEPT

Diese Küche (rechts und Seite 21) befindet sich in einem Haus auf einer Klippe mit Blick über den Atlantik. Die verschiedenen Aquamarintöne bilden einen reizvollen Kontrast zum polierten Edelstahl, Kalkstein und zu den hellen Holztüren mit versenkbaren Ringösen.

Beim Betreten des Raums fällt dem Besucher sofort eine wertvolle Porzellansammlung ins Auge, die in einem dezent ausgeleuchteten, in die Wand eingelassenen Schrank mit Glasböden ausgestellt ist. Die Doppelspüle vor dem Fenster ist aus Porzellan. In einem der Unterschränke wurde ein Abfallbehälter eingebaut, der sowohl von vorne als auch von oben befüllt werden kann. Die elliptische Kochinsel ist nicht nur mit einem eingebauten Heißluftofen und ausreichend Stauflächen ausgestattet, sondern verbirgt unter der kühlen Metalloberfläche auch noch eine Gaskochmulde, die gleichzeitig oder alternativ zu dem Herd auf der gegenüberliegenden Seite des Raums (siehe Zeichnung) betrieben werden kann. Die Arbeitsfläche zur Vorbereitung von Lebensmitteln mit einer weiteren Spüle und einer erhöhten Glasplatte befindet sich in bequemer Entfernung zu den anderen Funktionsbereichen.

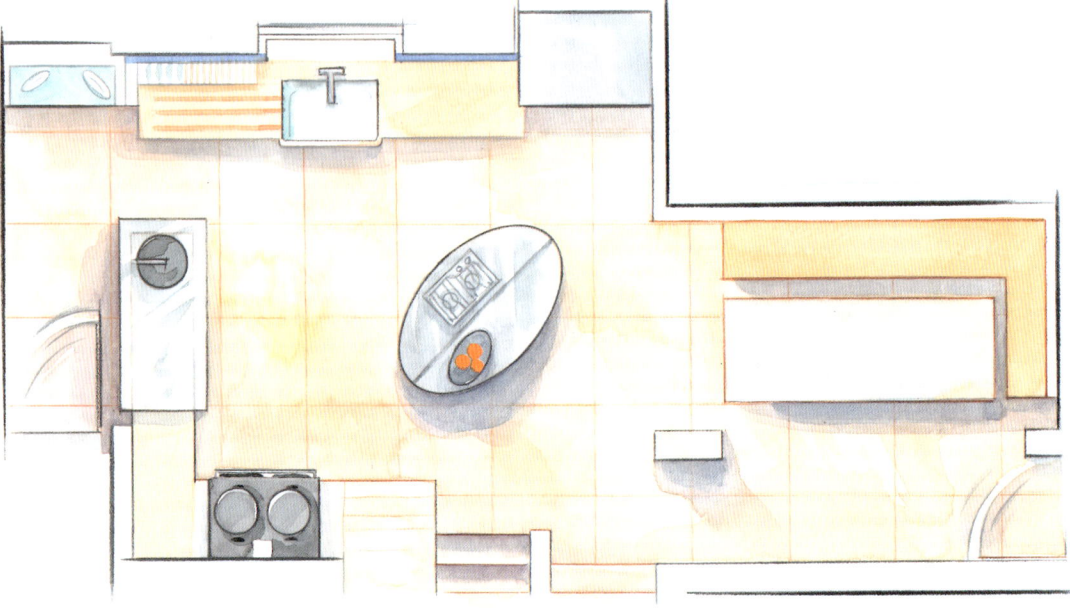

CHECKLISTE FÜR DIE KÜCHE:

Was sind die Vor-/Nachteile Ihrer jetzigen Küche? Welche Familienmitglieder benutzen die Küche? Wie alt sind diese? Ist der Hauptbenutzer Links- oder Rechtshänder? Haben Sie Haustiere? Wie häufig, von wem und für wie viele Personen werden in Ihrer jetzigen Küche Mahlzeiten zubereitet? Essen Sie in der Küche oder würden Sie es gerne? Bevorzugen Sie Eßtisch oder Theke? Die folgende Checkliste stellt sicher, daß Sie keine entscheidenden Punkte übersehen:

■ KOCHEN: Bevorzugen Sie einen Elektro- oder Gasherd? Benötigen Sie einen separaten Backofen und eine Mikrowelle oder ein Kombinationsgerät; einen normalen Herd oder ein Cerankochfeld? Wollen Sie einen Einbauherd oder einen frei stehenden Herd? Benötigen Sie einen Grill oder eine Friteuse? Dunstabzug mit Abluftrohr oder mit Filter?

■ HAUSHALTSGERÄTE: Welche Geräte besitzen Sie bereits, welche fehlen noch? Kühl-Gefrier-Kombination oder Speiseschrank, Kühlschrank und Gefrierschrank; einfache oder Doppelspüle, separate zusätzliche Spüle, Geschirrspüler; Waschmaschine und Trockner oder ein Kombinationsgerät?

■ TRANSPORTABLE KÜCHENGERÄTE: Wasserkocher, Toaster, Küchenmaschine, Kaffeemaschine, Getreidemühle, elektrischer Dosenöffner – welche dieser Geräte benötigen Sie wirklich?

■ STAURAUM: Was können Sie in der Küche unterbringen, und für welche Dinge muß ein anderer Platz gefunden werden: Glas und Porzellan, Töpfe und Kochgeschirr, frische Lebensmittel, Konserven und abgepackte Lebensmittel, Getränke, kleine Gläser mit Kräutern und Gewürzen, Reinigungsgeräte (Besen, Staubsauger) und Reinigungsmittel?

■ BELEUCHTUNG: Ein gutes Arbeitslicht und eine angenehme Raumbeleuchtung sind unerläßlich.

STIL-
VARIANTEN

Eine genaue Definition dessen, was Stil wirklich bedeutet oder wie man diese begehrenswerte Eigenschaft erwerben kann, ist bis heute noch nicht gefunden; es läßt sich leichter feststellen, was alles nicht als stilvoll bezeichnet werden kann. Selbst eine sehr teure Küche muß nicht unbedingt Stil haben, ebensowenig wie die möglichst perfekte Kopie fremden Geschmacks. Lassen Sie sich inspirieren, aber finden Sie Ihren persönlichen Stil und bleiben Sie ihm treu.

STRANDGUT

Die Küche in diesem Strandhaus (rechts) öffnet sich zum Strand und dem dahinter liegenden Meer. Man kann förmlich die Hitze und die kühlende Brise spüren, die durch die geöffneten Jalousientüren streicht. Die einfach ausgestattete Küche besteht aus zwei Kochinseln, in die eine Kochmulde bzw. eine Spüle integriert sind; wahrscheinlich werden die Mahlzeiten auf dem Grill zubereitet und draußen auf der Veranda serviert.

Das Meer ist im gesamten Raum präsent – von den leuchtenden Türkistönen, die an die Farben der Wellen erinnern, über die Oberlichter in Algenform bis hin zu den Möbeln, die mit einer pastellfarbenen Lasur überzogen wurden und verwittertem Treibholz ähneln. Der schlichte Holzboden rundet das Bild ab.

Auch die Landhausküche (Seite 25) wirkt auf den ersten Blick kühl, aber man kann sich vorstellen, wie warm und gemütlich es hier in den Wintermonaten ist. Die offenen Regale an der Stirnwand mit den rustikalen Schüsseln und Bechern und die dahinter sichtbare Flurwand mit einer Sammlung handgeflochtener Körbe wirken wie für eine Ausstellung arrangiert.

KÜHL ODER GEMÜTLICH

Das Klima übt großen Einfluß auf den Einrichtungsstil aus. So werden Häuser in Südeuropa ganz anders gebaut als zum Beispiel in Deutschland. Wo man den Großteil des Jahres über sein Essen draußen einnehmen kann, reflektieren auch die Küchen diesen Lebensstil. Dort besteht die größte Sorge darin, den Raum mit Hilfe einer guten Be- und Entlüftung kühl zu halten, und natürlich benötigt man hier besonders effiziente Kühlmöglichkeiten, um leichtverderbliche Lebensmittel sicher lagern zu können. Leichte Möbel – vor allem aus Rattan oder hellem Holz – sind hier besonders praktisch, da man sie bei Bedarf schnell in den Garten, auf die Veranda oder die Terrasse tragen kann.

Wenn es draußen warm ist, entscheidet man sich für eine Küche, die zumindest optisch immer kühl bleibt – und zwar mit Hilfe von Pastellfarben. Sie könnten beispielsweise matte Blau- und Grauschattierungen sowie blasse Wandfarben wählen und alle komplizierten Muster vermeiden. Allerdings sollten Sie bedenken, daß derartige Farbkombinationen helles Tageslicht benötigen, damit ihre kühle Ausstrahlung nicht steril und unfreundlich erscheint.

Die weißen Dörfer in den ländlichen Gebieten Griechenlands, der Provence und der Toskana verdanken ihre Schönheit zu einem nicht geringen Teil den Farben der umliegenden Landschaften. Terrakotta-, Sandstein- und Altrosatöne sorgen optisch für Wärme in den oft recht kalten Wintern. Natürlich können Sie auf Ihren Ferienreisen Inspirationen und Einrichtungsideen sammeln, aber häufig hat die Verpflanzung eines landestypischen Stils in

eine andere Umgebung verheerende Folgen: Farben, die im strahlenden Sonnenlicht großartig wirken, erscheinen in gemäßigten Klimazonen hart und bedrückend.

Eine Tür, die direkt von der Küche in den Garten führt, kann bei gutem Wetter den ganzen Tag über geöffnet bleiben, so daß eine kühlende Brise für angenehme Temperaturen sorgt und Kochdünste nach draußen läßt. Aber da kühle Brisen sich im Winter in eiskalte Zugluft verwandeln, sollte die Tür wetterfest sein – wofür sich ein farbenfroher, warmer Vorhang anbieten würde. Außer-

dem müssen Sie für den Winter eine andere Entlüftungsmöglichkeit vorsehen, vorzugsweise eine leistungsstarke Dunstabzugshaube, die eine direkte Verbindung nach draußen hat.

Bevor Sie sich also für eine mediterrane Küche entscheiden, sollten Sie sich ausreichend Bedenkzeit einräumen – sofern Sie nicht fest davon überzeugt sind, alle jahreszeitlichen Veränderungen im voraus erahnen und berücksichtigen zu können. Die Wahl des richtigen Stils betrifft eben nicht nur Äußerlichkeiten.

DIE MODERNE KÜCHE

Um ein eigenständiges Konzept mit Erfolg umzusetzen, benötigt man sehr viel Fachkenntnis und Erfahrung sowie ein Höchstmaß an Selbstbewußtsein. Wahrhaft moderne Küchendesigns sind anspruchsvoll, kompromißlos und dulden keinerlei Unordnung oder überflüssige Verzierungen. Um die angestrebten »korrekten« Proportionen, Formen und die passende Ausleuchtung zu erreichen, baut man die Räume für solche Küchen teilweise vollständig um: Decken werden erhöht, Fenster und Türen versetzt.

In modernen Küchen müssen Sie unkonventionelle Wege für die Lösung konventioneller Probleme finden – denn »Kompromiß« ist ein Wort, das in dieser Umgebung nicht geduldet wird. Farben werden spektakulär und kühn eingesetzt, Strukturen und Oberflächen nach ihrer größtmöglichen Wirkung ausgewählt. Perfektion strahlt bis in die Details aus, und jedes Küchengerät steht an seinem sorgfältig ausgewählten Platz. Das Mobiliar ist selbstverständlich nach Maß gefertigt.

Der moderne Stil gefällt vor allem denjenigen unter uns, die klare, übersichtliche und offene Interieurs schätzen. Wenn eine moderne Küche überhaupt Bezüge zur Vergangenheit aufweist, dann könnte ihr Minimalismus von der Zen-Philosophie inspiriert sein, für die Ruhe und Einfachheit höchste Güter darstellen.

Wenn Sie eine einzigartige Küche planen, kann sich die Zusammenarbeit mit einem Innenarchitekten als sinnvoll erweisen – aber je mehr Sie sich selbst in ein solches Projekt einbringen, desto wahrscheinlicher ist es, daß der fertige Raum Ihre Persönlichkeit widerspiegelt und nicht einfach ein Ausstellungsstück für den Stil eines anderen darstellt.

FORM UND RAUM

Dieses Souterrain (Seite 26) erhielt teilweise eine neue Treppe, um das ursprünglich steile und gefährliche Treppenhaus leichter zugänglich zu machen. Dabei wurden die neuen Stufen so angelegt, daß darunter der größte Teil des für die Küche benötigten Stauraums entstand. Um den Kühlschrank unter der ursprünglichen Treppe kann ausreichend Luft zirkulieren, und der extra flache Dunstabzug über der Kochmulde leitet die Abluft durch ein Rohr im Inneren der Treppe nach außen.

Eine Küche mit Normmaßen wäre in diesem hohen Raum (links) optisch völlig untergegangen. Aus diesem Grund vergrößerte der Küchendesigner die Außenmaße der Möbel, reduzierte aber gleichzeitig die Komplexität der Formen auf ein Minimum. Eine riesige Stahlplatte ragt weit über einen dunkelblauen Sockel hinaus und glänzt im Licht einer Reihe von Halogenleuchten, die in die Decke eingelassen wurden. Ein Schrankblock wie aus einem Guß, bei dem jede Tür durch eine dünne Leiste aus Edelstahl akzentuiert wird, betont die Konturen des Raums. Die schalenförmigen Sitzflächen auf den geschwungenen Beinen der Hocker stehen in Kontrast zu der beherrschenden Geometrie des

Bei dieser Küche (Seite 29) erkennt man auf den ersten Blick, daß es sich um den Arbeitsplatz eines Küchenchefs handelt: Mit Hilfe von Möbelfüßen wurden die Arbeitsflächen auf die für den Benutzer optimale Höhe gebracht. Der ganze Raum ist ein Musterbeispiel an präziser Organisation. Die Vorbereitung der Lebensmittel und der Kochvorgang wurde ergonomisch günstig auf zwei Wände verteilt. Neben dem Kochbereich befindet sich eine kleine Spüle, gefolgt von einer Arbeitsfläche, die bis in die Ecke reicht. An der anderen Wand erkennt man eine weitere, größere Spüle mit einem Geschirrspüler darunter. Jeder der Töpfe unter dem Kochbereich hat seinen festen Platz und ist jederzeit griffbereit, während in den breiten, flachen Schubladen unter den Koch- und Arbeitsflächen die Messer und Küchengeräte sicher lagern. Ein rundum verlaufendes schmales Regalbord bildet den Abschluß für den Spritzschutz aus Edelstahl. Dieses Regal beherbergt regelmäßig Benutztes, sorgt aber auch für eine optische Auflockerung. Genial ist der mobile Edelstahlwagen (rechts im Bild) mit Porzellan und Küchengerät, der sich an den jeweiligen »Einsatzort« schieben läßt.

DIE PROFESSIONELLE KÜCHE

Während die Zubereitung von Speisen für manche Menschen ein notwendiges Übel darstellt, richten andere das gesamte Design ihrer Küche an diesem Tätigkeitsfeld aus: Daher werden professionelle Küchen als Arbeitsplätze entworfen, unter Berücksichtigung und genauer Einhaltung kommerzieller Hygienevorschriften. Interessanterweise gelten diese Beschränkungen nur für Küchen, in denen man Speisen zubereitet, die für den öffentlichen Verzehr gedacht sind.

Ein derart strenges, an eine Industrieanlage erinnerndes Küchendesign wirkt einschüchternd, wenn man nicht daran gewöhnt ist, regelmäßig für eine große Zahl von Menschen zu kochen. Aber die bis ins Kleinste durchdachte, effiziente Ergonomie sorgt für einen unerwartet hohen Grad an Komfort. Die durchgehenden Arbeitsflächen ermöglichen es dem Koch, sich in der Küche besonders schnell zu bewegen. Das von Profis bevorzugte Edelstahl ist besonders strapazierfähig, hitzebeständig und unempfindlich. Zur Ausstattung gehört meist auch ein großes, integriertes Hackbrett aus Massivholz mit einem ausziehbaren Abfallbehälter darunter, in den man Gemüsereste und andere Küchenabfälle einfach hineinschieben kann. Eine kühle, glatte Marmorplatte ist der beste Untergrund zum Ausrollen von Teig. Die Höhe sämtlicher Arbeitsbereiche muß genau berechnet werden, da die Vor- und Zubereitung der Speisen andernfalls unnötig ermüdet.

Die meisten professionellen Köche benutzen sowohl Gas- als auch Elektroherde. Häufig findet man in die Kochmulde integrierte Grillgarplatten, Grills und Warmhalteplatten. Kochen in größerem Maßstab erzeugt sehr starke Hitze; aus diesem Grund werden Dunstabzüge eingesetzt, die über die Fläche der Gas- oder Elektrokochmulden hinausreichen.

Eine exzellente Ausleuchtung ist absolut unerläßlich. Halogenlampen sorgen für ein reflektionsfreies Licht. Manche Dunstabzüge verfügen schon über integrierte Arbeitsleuchten. Weitere Lampen über der gesamten Küchenzeile bieten zusätzliche Flexibilität und Effizienz.

Häufig verwendete Pfannen und Küchengeräte werden immer in Reichweite plaziert – entweder über dem Herd aufgehängt oder darunter in ein Fach gestellt. Professionelle Küchenregale mit verstellbaren Böden und Gestellen, an denen sich Küchenutensilien aufhängen lassen, bieten flexible Stauflächen von hoher Tragkraft und können entweder in die Einbauküche integriert oder frei stehend aufgebaut werden. Auf offenen Wandborden oberhalb der Arbeitsflächen lagern weitere, meist stapelbare Schüsseln und Töpfe, während hohe, tiefe Regalborde im unteren Bereich als Stauräume für trockene Lebensmittel, Vorratsgläser, Großhandelspackungen, Konserven und andere schwere Gegenstände dienen. Viele Köche bevorzugen breite Schubladen, deren Inhalt von oben mit einem Blick zu erfassen ist und leicht herausgenommen und ersetzt werden kann. Rasiermesserscharfe Messer – die wertvollsten Arbeitsgeräte jedes Kochs – lagern geschützt in einem Messerblock oder einer mit Filz ausgelegten Schublade.

Ein oder sogar zwei leistungsstarke Industriespülmaschinen sind hier kein Luxus, sondern unverzichtbar, denn darin werden alle Küchengerätschaften gereinigt – von fettigen Pfannen bis hin zu zarten Gläsern und Geschirr.

Unkonventionelle Räume profitieren am meisten von der Flexibilität frei stehender Küchenelemente. In dieser Küche (links) mit den Oberlichtern können die halb eingebauten bzw. völlig frei stehenden Möbelstücke an einem beliebigen Punkt entlang der Wände aufgestellt werden. Und obwohl es sich um einen modernen Umbau handelt, ist die Inneneinrichtung von traditionellen Konzepten inspiriert. Häufig verwendete Teller und Gläser können abgewaschen, und in eines der maßgefertigten Abtropfgitter über dem tiefen Porzellanbecken gestellt werden. Der Geschirrspüler wurde unter die Abtropffläche aus geöltem Teakholz eingepaßt. Granit ist nicht nur hitzebeständig, sondern auch äußerst strapazierfähig und deshalb hervorragend als Arbeitsplatte geeignet. Die Bodenfliesen aus Terrakotta runden den »warmen« Gesamteindruck des Raums ab.

Obwohl dieser Spülschrank (Seite 31) wegen der Wasseranschlüsse fest in der Küche installiert werden mußte, ist er als einzelnes, frei stehendes Möbelstück konzipiert, das nach einem Umzug an anderer Stelle wieder aufgebaut werden kann.

DIE FREI STEHENDE KÜCHE

Das Konzept der frei stehenden Küche ist nicht neu, wurde aber in den letzten Jahren wiederentdeckt. Dieser Küchenstil bietet mehr als nur eine aus der Not geborene Alternative zur Einbauküche. Durch die Verwendung frei stehender Küchenmöbel statt eingebauter Küchenelemente wandelt sich der gesamte Charakter eines Raums vom Arbeitsplatz zum Wohnraum.

Wenn Sie Koch- und Eßbereich nicht streng voneinander trennen, sondern einen gemütlichen »Lebens«-Raum schaffen wollen, werden Sie feststellen, daß frei stehende Küchenmöbel sich besser mit Bücherschränken, Tischen und Sofas kombinieren lassen als ihre einbaufähigen Gegenstücke. Ein weiterer Vorteil frei stehender Küchenmöbel besteht darin, daß man sie bei einem Umzug einfach mitnehmen kann. Gerade weil ein Speiseschrank aus qualitativ hochwertigem Massivholz ein teures Möbelstück ist, sollte man ihn nicht einfach zurücklassen müssen. Darüber hinaus lassen sich auch frei stehende Küchenmöbel in unterschiedlichen Höhen plazieren. Beispielsweise wäre es problemlos möglich, einen langen Tisch mit integrierter Spüle zu bauen, der höher ist als der Arbeitstisch mit Hackbrett. Selbst Arbeitsflächen mit verschiedenen Höhen lassen sich in einem einzigen, mobilen Küchenmöbel zusammenfassen.

Bei frei stehenden Küchenmöbeln denkt man sofort an natürliche Materialien: Massivholzschränke mit Arbeitsplatten aus Ahorn, Teak, Granit oder Schiefer. Als edelste Vertreter ihrer Art gelten sicher die schlichten Interieurs der amerikanischen Shaker-Gemeinschaften oder die riesigen, widerhallenden Küchen englischer Landsitze des 18. Jahrhunderts. Riesige Speiseschränke mit Weidenkörben an Laufschienen und eingebauten Gewürzregalen sowie moderne Interpretationen rustikaler Geschirrschränke erzeugen die Atmosphäre eines traditionellen Bauernhauses, wenn Sie die Elektrogeräte im Schrank verstauen. Wer einen etwas moderneren Stil bevorzugt, der braucht nur die Naturmaterialien gegen Laminat, Milchglas, Klarglas oder poliertes Metall auszutauschen.

DIE UNKONVEN-
TIONELLE KÜCHE

Individuelle Küchen sind äußerst selten formal geplant – meist kann man eher von einer »gewachsenen Struktur« sprechen. Möbel und Einrichtungsgegenstände wurden angesammelt und aufgrund ihrer individuellen Vorzüge ausgewählt, aber nicht passend zu einem vorher aufgestellten Konzept. Wertvolle Antiquitäten stehen in trautem Einklang neben Stühlen vom Sperrmüll, und japanische Schlichtheit wird mit viktorianischer Gotik kombiniert. Das wichtigste Kennzeichen einer individuellen Küche ist häufig ihr Witz. Persönliche Vorlieben sind an extravaganten Accessoires deutlicher zu erkennen als in allen anderen Einrichtungsformen.

Wirkliche Individualisten verfügen über eine ganz besondere Eigenschaft: Sie sind in der Lage, in jeder Situation zu improvisieren und dabei eigenständige Lösungen zu finden, die die allgemein akzeptierten Konventionen in Frage stellen und dennoch »funktionieren«. Anstatt einen schmuddeligen und unebenen Betonfußboden einzuebnen oder zu bedecken, streicht der Individualist ihn vielleicht mit Farbe und hebt dadurch die Flecken auf dem Boden noch stärker hervor. In seinen Augen ließe sich auch die weiße Front eines Kühlschranks mit Hilfe mehrerer Schichten Sprühfarbe optisch wesentlich verbessern.

Eine individuelle Küche läßt sich nicht kopieren, da sie nur durch die Kreativität eines einzigen Individuums entsteht – aber Sie könnten sich inspirieren lassen, das Selbstbewußtsein ihres Schöpfers bewundern und anerkennen, daß dieser Stil wahre Integrität besitzt.

STILECHT

Nur sehr wenige Umbauten mußten vorgenommen werden, um diese ehemalige Pariser Postsortierstelle (links) in eine funktionale – wenn auch äußerst unkonventionelle – Küche zu verwandeln. Aber die Entscheidung, etwas nicht zu verändern, kann ebenso Ausdruck stilbildender Kreativität sein wie die völlige Räumung und anschließende Neugestaltung eines Raums nach persönlichen Maßstäben. Stil steht in engem Zusammenhang mit dem Charakter eines Raums und dem Versuch, dieses Potential optimal zu nutzen und gleichzeitig seine eigenen Vorlieben zu integrieren.

Die Vorzüge dieses Raums liegen auf der Hand: Über das riesige Oberlicht wird der Raum mit Tageslicht durchflutet, und die Regale, Schränke und Behälter, in denen einst Briefe und Päckchen lagerten, lassen sich fast ohne Anpassungen als Stauraum für Lebensmittel und Küchengeräte übernehmen.

Wenn man sich vorstellt, wie ein Frühstück an einem hellen, sonnigen Frühlingstag hier aussehen könnte, mit frischem Kaffee, warmen Croissants und Brioches, oder ein romantisches Diner unter den Sternen, während die Kerzen im Kronleuchter brennen, erscheinen kulinarische Details fast nebensächlich.

DIE LANDHAUSKÜCHE

In vielen Ländern – vor allem in Nordeuropa – bildete die Küche früher den natürlichen Mittelpunkt des Hauses, denn aufgrund ihres Herdes war eine Küche immer gut geheizt. Die modernen Nachfolger dieser Herde – der AGA- oder Rayburn-, der amerikanische Viking- oder Westinghouse- und die französischen Bocuse- oder Ambassade Lacanche-Herde – wirken wie ein Gegenmittel gegen einen zu hektischen Lebensstil: Sie verbreiten ein nostalgisches Flair, bieten aber dennoch alle Errungenschaften der modernen Technik und sorgen für konstante Temperaturen und eine gemütliche Atmosphäre, die zu geselligen Treffen mit Familie und Freunden einlädt.

Auch heute erfreut sich die Landhausküche noch großer Beliebtheit. Möbel mit komplizierten Schnitzereien sind im Laufe der Zeit einfacheren Entwürfen gewichen; aber immer noch bildet der Küchentisch den Mittelpunkt des Familienlebens, an dem eine Vielzahl von Tätigkeiten erledigt werden – von den Hausaufgaben der Kinder über das Putzen von Gemüse bis hin zum Arrangieren von Schnittblumen. In den meisten Fällen handelt es sich dabei um einen – neuen oder alten – rustikalen Holztisch. Runde Tische wirken gemütlicher, brauchen aber mehr Platz. Die Stühle müssen nicht unbedingt alle gleich sein; auch eine Auswahl ansprechender Sitzgelegenheiten kann sehr attraktiv sein. Polsterkissen sorgen für zusätzlichen Komfort und dekorativen Reiz. Dagegen verlangen lange Refektoriumstische geradezu nach Bänken – die perfekte Lösung, wenn man möglichst viele Gäste an den Tisch setzen möchte. Zwar eignen sich harte Bänke nicht unbedingt für lange Gesprächsabende, aber man kann sie nach den Mahlzeiten unter den Tisch schieben und den vorhandenen Raum dadurch noch besser nutzen.

Räume, in denen natürliche Materialien vorherrschen, lassen sich im allgemeinen sehr einfach dekorieren. Holzmöbel sind zwar in der Anschaffung teurer als kunststoffbeschichtete, aber sie tragen Kerben und Flecken mit Würde und werden mit zunehmendem Alter immer schöner.

DAS LANDLEBEN
LOCKT

Die Vorstellung von einem Leben auf
dem Lande läßt niemanden von uns völlig unberührt. Der Küchentisch dieses
französischen Bauernhauses (Seite 34)
ist das Ergebnis inspirierter Improvisa-
tion: Drei zusammengeleimte Bohlen
liegen als Tischplatte auf zwei Füßen
aus Schlackenbetonsteinen. Die Front
des Regals mit Töpfen besteht aus Hüh-
nerdraht. Beide Lösungen sind ausgesprochen funktionell, und der Austausch
der Dachbalken und des Fensters war
von größerer Dringlichkeit als die Anschaffung modischer Möbel.

Viele Stadtbewohner versuchen, in
ihren Wohnungen etwas vom einfachen
Landleben nachzuempfinden: Blickfang
dieser großzügigen, aber relativ niedrigen Küche (links) ist der massive
Eßtisch in der Mitte des Raums, während
die altbewährte Reihenfolge aus Herd,
Arbeitsfläche, Spüle und Arbeitsfläche
auf eine Wand beschränkt bleibt. Töpfe
und Pfannen hängen frei in der Nähe des
Kochbereichs, und der Linoleumboden im
Schachbrettmuster ist pflegeleicht, hygienisch und fußwarm. Obwohl weitere
typische Elemente einer Landhausküche
fehlen, hat dieser Raum ein ländliches
Ambiente.

KÜCHEN-AUSSTATTUNG

Überprüfen Sie Ihre Kochgewohnheiten, bevor Sie eine Küche von Grund auf neu ausstatten. Legen Sie erst dann fest, was wirklich wichtig ist – welche Koch-utensilien tatsächlich von praktischem Nutzen sind und welche ausschließlich ästhetischen Ansprüchen genügen. Beginnen Sie ruhig erst einmal mit der reinen Grundausstattung, den absolut unerläßlichen Hilfsmitteln in einer Küche, und entscheiden Sie sich dabei am besten für qualitativ Hochwertiges, an dem Sie lange Freude haben.

Die Kochmulde dieses Herds (rechts) hat Platz für vier Gasbrenner und eine zentrale Grillgarplatte – zum Braten von Steaks oder zur Zubereitung perfekter Pfannkuchen. Töpfe und Pfannen hängen griffbereit und bereits vorgewärmt an der eingebauten Relingstange, und die Schubladen unterhalb des Ofens bieten genügend Stauraum.

Der Landhausküchenherd (Seite 39, links) ist heute in einer Vielzahl von Farben erhältlich und hat sich auch in Stadtwohnungen einen festen Platz erobert. Dieser Herd kann mit Strom, Festbrennstoffen, Öl oder Gas betrieben werden und besitzt in der Standardgröße zwei Backöfen sowie ein Warmhaltefach; es gibt sogar noch größere Modelle für Großfamilien oder für Restaurantküchen.

Dieser Herd mit sechs Gasbrennern (Seite 39, rechts) wurde schräg in die Ecke eingepaßt; die Küchenutensilien hängen an einer Relingstange, die sich über die gesamte Wand erstreckt – eine geniale Lösung zur optimalen Nutzung von Ecken in kleinen Küchen. Die weißen Fliesen bilden einen strapazierfähigen und hitzebeständigen Spritzschutz hinter der Kochmulde; die angrenzenden Arbeitsflächen sind aus Edelstahl.

TECHNISCHE AUSSTATTUNG

Wenn Sie sich nach reiflicher Überlegung zum Kauf einer neuen Küche oder zum Umbau Ihrer jetzigen Kücheneinrichtung entschließen und der zukünftige Entwurf »steht«, empfiehlt es sich, das Budget für die neuen Möbel und das Zubehör festzusetzen. Obwohl Schränke und Arbeitsflächen natürlich am wichtigsten sind, werden auch Elektrogeräte einen Großteil Ihres Budgets beanspruchen.

Elektrogeräte

Der Kochbereich ist der wichtigste Bestandteil einer Küche; daher müssen Sie sich zunächst zwischen einem Elektro- oder einem Gasherd entscheiden. Viele Köche bevorzugen Gas, da es Lebensmittel schneller erhitzt und feiner reguliert werden kann. Falls Sie die asiatische Küche schätzen, bietet sich der Einbau eines speziellen Wokrings an; allerdings lohnt sich die Anschaffung von eingebauten Friteusen, Grillgarplatten oder ähnlichen Extras nur, wenn man sie regelmäßig nutzt. Falls kein Gasanschluß vorhanden ist, sollten Sie sich für ein Induktionskochfeld entscheiden, dessen »Reaktionsschnelle« der von Gasherden sehr nahe kommt.

Im Gegensatz dazu liefern bei den Backöfen Elektrogeräte die besten Ergebnisse. Im Handel sind Geräte mit einem oder zwei Backöfen erhältlich, wobei sich letztere eher für große Haushalte anbieten. Allerdings lassen ein einfacher Backofen und eine separate Mikrowelle dem Koch mehr Spielraum. Eine Mikrowelle ist nicht nur beim Auftauen von Lebensmitteln, sondern auch für schnelles Garen von Speisen von unschätzbarem Wert. Bevor Sie sich für einen Backofen entscheiden, sollten Sie einen Blick auf den eingebauten Grill werfen: Praktisch sind auch frei stehende, in Augenhöhe angebrachte Grillgeräte sowie Backöfen mit sogenanntem Selbstreinigungssystem (Pyrolyse). Und natürlich benötigt der Backofen eine ausreichende Innenbeleuchtung, damit sich der Garprozeß von außen ohne Öffnen der Tür überprüfen läßt. Manche Backöfen kombinieren Heißluft mit Unter-/Oberhitze – das hat Vorteile bei verschiedenen Lebensmitteln.

Bei namhaften Herstellern finden Sie eine breite Palette von Küchengeräten, die Sie individuell zusammenstellen können – von verschiedenen Backöfen über Kochplatten und Gasbrenner bis hin zu Grill- und Warmhalteplatten. Auch für die Gastronomie konzipierte Kombinationsherde eignen sich für den Hausgebrauch, vor allem wenn Sie eine Küche mit frei stehenden Geräten planen. Allerdings benötigen sie eine gute Be- und Entlüftung.

Wem glänzender Industriestahl nicht gefällt, für den hält der Handel Küchengeräte mit farbenfroher Emaille-oberfläche bereit, die mit Gas, Strom, Öl oder Festbrenn-stoffen betrieben werden. Diese besonders für traditionel-le oder Landhausküchen geeigneten Herde sind auch dann von großem Vorteil, wenn die Küche keine Zentralheizung besitzt: Die aus Gußeisen gefertigten Herde erzeugen im allgemeinen genügend Wärme, um selbst geräumige Wohnküchen zu heizen. Und da diese Backöfen die Wärme gleichmäßig nach allen Seiten abstrahlen, eignen sie sich hervorragend zum Backen von Brot und zum Braten von saftigen Bratenstücken.

Bevor Sie Ihr Herz an einen solch robusten Küchengesellen verlieren, sollten Sie sichergehen, daß Größe oder Gewicht dieser Herde keine Probleme verursachen. Und falls kleine Kinder im Haushalt wohnen, sollten Sie ebenfalls auf die Anschaffung eines Gastronomiegeräts verzichten, da die Herdtüren sich im Vergleich zu haushaltsüblichen Modellen gefährlich erhitzen können.

Selbst wenn Sie eine Geschirrspülmaschine besitzen, lohnt sich der Einbau einer Doppelspüle, mit der Sie gleichzeitig Geschirr abwaschen und Lebensmittel vorbereiten können. Große Küchen mit einer zentralen Kochinsel bieten manchmal sogar Platz für ein zusätzliches, kleines Becken, das nur zum Putzen von Gemüse dient. Qualitativ hochwertige Mischbatterien regulieren sowohl die Wassermenge als auch die Wassertemperatur. Denken Sie jedoch daran, daß sich schlichte Armaturen mit stromlinienförmigem Design am leichtesten reinigen lassen, insbesondere dann, wenn das Wasser Ihrer Region kalkhaltige Rückstände hinterläßt. Auch Armaturen ohne Dichtungsringe verhindern, daß hartes Wasser dicke Kalkablagerungen erzeugt.

Die durchgehende, massive Arbeitsplatte (ganz links) umfaßt ein kleines, rundes, eingelassenes Becken und eine leicht geneigte Abtropffläche, so daß das Wasser in die Spüle läuft. Das Schneidbrett wurde speziell angefertigt: Es greift vorne um die Arbeitsfläche und an der Seite um den Beckenrand; so kann es nicht verrutschen.

Wenn Sie eine Doppelbeckenspüle und einen Geschirrspüler besitzen, brauchen Sie nicht unbedingt eine Abtropffläche. In dieser Küche (links) werden nur die Töpfe von Hand gespült und anschließend so auf das Hängebord gestellt, daß das restliche Wasser in die Spüle tropfen kann.

Eine moderne Interpretation eines traditionellen Abtropfgitters (rechts): Von den frisch gespülten Tellern und Schüsseln, die schräg in die beiden, mit Schlitzen versehenen Regalborde über der Spüle gestellt werden, kann das Wasser mühelos abtropfen. Zerbrechliche, langstielige Gläser bekommen keine Kalkflecken, wenn man sie nach dem Spülen zum Trocknen kopfüber aufhängt; außerdem sind sie auf diese Weise besonders sicher aufbewahrt.

ALLGEMEINE TIPS

- Ein frei stehender Herd kann als optischer Mittelpunkt dienen.

- Wenn Sie regelmäßig kochen, empfiehlt sich die Anschaffung eines großen Kühlschranks, in dem frische Lebensmittel und zubereitete Speisen angemessen aufbewahrt werden können.

- Früchte und Gemüse aus dem eigenen Garten erfordern einen großen Gefrierschrank.

- Investieren Sie in qualitativ hochwertige Arbeitsflächen und lassen Sie sie sorgfältig einpassen, damit sich in den Ritzen kein Schmutz festsetzen kann.

- Schränke und Arbeitsflächen sollten in optimaler Höhe angebracht werden. Die meisten Standard-Küchenelemente lassen sich in der Höhe anpassen, während vom Schreiner gefertigte Küchen direkt auf Maß gearbeitet werden.

- Allein durch den Wechsel des Türanschlags lassen sich manche (Stau-) Räume sehr viel besser nutzen.

- Bewahren Sie gefährliche Arbeitsgeräte und Utensilien immer außerhalb der Reichweite von Kindern auf und versehen Sie Unterschränke zusätzlich mit Kindersicherungen.

- 41

ALLES IM GRIFF

Ein schmaler Durchgang (rechts oben) wurde mit einem sorgfältig durchdachten Vorratsregal versehen. Regelmäßig genutzte Gläser sowie Tee- und Kaffeetassen sind je nach Art, Stil und Größe in unterschiedlichen Fächern untergebracht und jederzeit griffbereit. Auf den oberen Regalborden stehen Einmachgläser, die nicht ständig zugänglich sein müssen, während Karaffen und Spirituosen weiter unten aufbewahrt werden (nur ratsam, wenn keine Kleinkinder im Haushalt wohnen). Direkt über dem Boden, im kühlsten und dunkelsten Bereich, lagert der Wein – in horizontaler Lage, damit die Korken nicht austrocknen.

An der Rückwand des Spülbereichs, der sich hier auf einen kleinen Alkoven beschränkt (unten rechts), ist ein Metallgitter angebracht. Die glänzenden Töpfe und Deckel hängen an Fleischerhaken, Schaumlöffel und Schneebesen hängen an einer zwischen den Wänden montierten Metallstange. Zwei Metallkörbe nehmen das Besteck auf. Die helle Deckenbeleuchtung unterstreicht den fleckenlosen Glanz der Gerätschaften – schmutzige Vertreter sind hier unerwünscht!

Die großen weißen Porzellanbecken sind neben der klassischen Abtropffläche aus Holz unverzichtbare Bestandteile vieler traditioneller Küchen. Im Handel sind aber auch einige qualitativ hochwertige Kunststoffspülen erhältlich, die sich nahtlos in die Arbeitsfläche einpassen lassen. Wer preiswerte Becken aus Email kauft, spart meist am falschen Ende, da die Emailoberfläche leicht abplatzen oder verkratzen kann und sich dann verfärbt.

Möglicherweise haben Sie beim Kauf Ihrer ersten Geschirrspülmaschine ein schlechtes Gewissen – das muß jedoch nicht sein. Diese Zeit und Arbeit sparenden Geräte gelten nicht mehr als Luxus, da sie (gut gefüllt) weniger Wasser verbrauchen als der Abwasch von Hand. Sehen Sie sich im Geschäft ruhig auch die etwas teureren Geschirrspüler an – sie verbrauchen nicht nur weniger Wasser und Geschirrspülreiniger, sondern arbeiten auch erheblich leiser und schneller.

Der Kühlbereich einer Küche – also der Kühl- und Gefrierschrank – hat in den vergangenen Jahren immer größere Bedeutung erlangt, teilweise aufgrund der Entwicklung von gekühlten oder tiefgefrorenen Fertigprodukten und teilweise aufgrund des gestiegenen Verbrauchs von frischen Lebensmitteln, vor allem von frischem Obst und Gemüse. Auch viele Saucen und Marmeladen müssen heute nach dem Öffnen im Kühlschrank aufbewahrt werden, da sie weniger Konservierungsstoffe enthalten als früher. Moderne Kühlschränke verfügen häufig über mehrere Kühlzonen – für Fleisch, für Obst und Gemüse, für Milchprodukte und für Getränke.

Kühlschränke werden heute passend zur Schrankoberfläche und sogar mit transparenten Türen angeboten, so daß der Kühlschrankinhalt gut zu sehen ist – nur für

IN REIH UND GLIED

Manche Lagersysteme lassen sich einfach nicht mehr verbessern: Während diese gut durchdachte Küche (links) im Laufe der Jahre verschiedene Farbanstriche erhielt, ist das Grundkonzept von zeitloser Funktionalität. Die weißen Wände und Fliesen bilden einen frischen Kontrast zu Spritzschutz und Arbeitsfläche aus schwarzem Marmor. Bei einem solchen Hintergrund können die Türen und Regalborde in jeder beliebigen Farbe lackiert werden – eine preiswerte Alternative zu einem kompletten Küchenumbau, wenn Sie das Bedürfnis nach Abwechslung überkommt. Auf den schmalen, niedrigen Borden lagern Gläser und Porzellan, die nach Nutzungshäufigkeit sortiert sind. Sperrige und unregelmäßig geformte Utensilien (die viel Platz in Anspruch nehmen) hängen mittels Fleischerhaken an einer durchgehenden Relingstange, die sich über die gesamte Wand erstreckt. Die alten, zerbrechlichen Napfkuchenformen wurden mit Kordel umwickelt und daran aufgehängt.

Unter der Spüle sind die wenig attraktiven Schwämme, Bürsten, Tücher und Reinigungsmittel in einer kleinen Zinkwanne und verschiedenen Körben untergebracht.

Ordnungsliebende geeignet. Nahezu alle Kühlschränke werden heute ohne FCKW-haltiges Kühlmittel angeboten, und viele sind mit sogenannten »No-frost«-Systemen ausgestattet, bei denen das lästige Abtauen des Kühlschranks der Vergangenheit angehört. Die amerikanischen Modelle mit integriertem Eisspender werden auch bei uns immer beliebter, sind allerdings noch recht teuer.

In einem großen Kühlschrank müssen die Lebensmittel nicht mehr eng gestapelt, sondern können übersichtlich und jederzeit griffbereit angeordnet werden. Falls Ihr alter Kühlschrank immer zu klein war, sollten Sie beim Neukauf die doppelte Kapazität vorsehen. Für eine kleine Küche empfiehlt es sich, den Gefrierschrank in einem anderen Raum unterzubringen – möglicherweise paßt er wunderbar unter die Kellertreppe oder in die Garage.

Stau- und Vorratsräume

Häufig reicht ein gut belüfteter Vorratsschrank aus, um alle Lebensmittel unterzubringen, die nicht im Kühlschrank aufbewahrt werden müssen. Auf diese Weise präsentieren sich Ihnen alle Vorräte auf einen Blick, und Sie brauchen nicht mehrere Schränke zu durchsuchen. Natürlich hängt es vom persönlichen Geschmack ab, ob man sämtliches Küchenzubehör hinter geschlossenen Türen aufbewahrt oder Töpfe, Pfannen, Geschirr und Gläser lieber in offenen Regalen oder hinter Drahtgitter- oder Glastüren unterbringt. In manchen Fällen reicht sogar ein großes Sideboard – ob antik oder von modernem Design –, in dem das komplette Porzellan und alle Gläser aufbewahrt werden können.

Durch die Kombination von unterschiedlich hohen Arbeitsflächen – mit großen Rollcontainern und auszieh-

HINTER VERSCHLOS-SENEN TÜREN

In dieser Küche (Seite 44) wurden kleine, würfelförmige Schränke zu einem perfekten Quadrat arrangiert und an einer schachbrettartig gemusterten Wand aus weißen und cremefarbenen Fliesen angebracht. Ein Schrank enthält die Teller, ein anderer das Besteck, ein dritter ist mit Gläsern gefüllt, und im vierten werden Tassen und Untertassen aufbewahrt.

In einer kleinen Küche mit wenig Arbeitsfläche (rechts) bieten Küchen-elemente auf Rollen bei Bedarf zusätz-liche Arbeitsfläche. An der gewünschten Stelle können die Vorderräder arretiert werden. Die Arbeitsfläche besteht aus einer dicken Massivholzplatte – ideal zum Schneiden und Hacken, da sich Gemüse auf einer etwas niedrigeren Arbeitsfläche leichter vorbereiten läßt.

Bei dieser Küche (ganz rechts) lassen weiße Farbe und weiße Fliesen die niedrige Decke mit der Dachschräge zumindest optisch höher erscheinen. Speziell angefertigte Einbauschränke folgen dem Verlauf der Wände, um noch den kleinsten Winkel optimal zu nutzen.

baren Weidenkörben für Gemüse – läßt sich eine unge-zwungene Atmosphäre schaffen. Die uniforme Eintönig-keit durchgehender Unter- und Oberschränke erzeugt dagegen eine genau entgegengesetzte Stimmung. Kom-binierte Küchen mit frei stehenden Geräten und Möbeln erfreuen sich immer größerer Beliebtheit, da sie es ihren Besitzern gestatten, den Raum nach Bedarf einmal umzu-gestalten. Die Bewohner können je nach Finanzlage und verändertem Bedarf Gegenstände dazukaufen.

Utensilien und Lebensmittel sollten möglichst dort aufbewahrt werden, wo sie am häufigsten gebraucht wer-den. Wenn Sie ein Gerät selten nutzen, sollten Sie es auch nicht im Hauptarbeitsbereich plazieren: Der Platz, den

beispielsweise die kaum genutzte Friteuse einnimmt, kann für einen Entsafter geräumt werden. Kleine Elektrogeräte plaziert man am besten auf der Arbeitsfläche in der Nähe der Steckdosen bzw. direkt ober- oder unterhalb, damit man sie leicht bedienen und wieder wegstellen kann. Tassen und Kaffee oder Tee sollten in der Nähe des Wasserkessels oder -kochers stehen; häufig genutzte Töpfe und Pfannen bewahrt man vorzugsweise in großen Schubladen unter oder neben dem Herd auf; Gewürze und Kräuter müssen dunkel gelagert werden und in Herd-nähe stehen.

Zentrale Kochinseln sind häufig mit einem Dunstabzug ausgestattet, der wiederum mit Regalborden für häufig genutzte Gewürze u.ä. oder mit umlaufenden Reling-stangen versehen werden kann, die zum Aufhängen von Töpfen und Küchenutensilien dienen. In den meisten Re-staurantküchen stehen alle Küchenutensilien übersichtlich und jederzeit griffbereit in offenen Regalen. Allerdings sollte man bedenken, daß diese zahlreichen Töpfe und Utensilien zwar einen attraktiven Anblick bieten, aber in wenig genutzten Küchen schnell zu unansehnlichen Staubfängern werden und Fettspritzer abbekommen.

Ein reibungsloser Ablauf in der Küche hängt häufig von Kleinigkeiten ab. Beispielsweise sorgen Besteckeinsätze für mehr Übersicht in Schubladen; stapelbare Töpfe und Geschirr sparen viel Platz; im hinteren Bereich der Arbeits-fläche eingelassene Messerblöcke garantieren, daß Ihre Messer sicher aufbewahrt sind und die Klingen scharf bleiben; ein über der Spüle angebrachtes Abtropfgitter erspart das Abtrocknen der Teller, und ein Hackklotz auf Rädern bietet bei Bedarf eine zusätzliche Arbeitsfläche. Aber achten Sie darauf, daß die Rollen eines solchen Kü-chenwagens festgestellt werden können.

Küchenmöbel

Die Funktionalität Ihrer Küche wird nicht nur von den Kü-chenutensilien und Gerätschaften, sondern auch von den Arbeitsflächen und Küchenmöbeln bestimmt. Sie müssen nicht unbedingt eine teure, neue Küche »aus einem Guß« kaufen, denn meist lassen sich auch alte Küchenelemente noch einmal restaurieren und modernisieren.

Achten Sie spätestens bei der Modernisierung auf die korrekte Höhe der Arbeitsflächen, so daß der Koch zum Beispiel beim Kneten und Ausrollen von Teig bequem und vor allem gerade stehen kann. Einige Küchenhersteller

DIE OPTIMALE BELEUCHTUNG

Die Beleuchtung in Ihrer Küche muß multifunktional sein und hellerleuchtete Arbeitsflächen mit einer warmen, freundlichen Atmosphäre im Eßbereich kombinieren. Daher sollten Sie zunächst Ihre Bedürfnisse sorgfältig überprüfen und bei der Planung der Beleuchtung auch den Wechsel von Tageslicht und Dunkelheit berücksichtigen.

Die anthrazitfarbene Küche (großes Bild, links) besäße sicher eine kalte und wenig einladende Atmosphäre, wenn die glänzenden Edelstahloberflächen nicht das Tageslicht des Südfensters und bei Nacht das Licht der eingelassenen Deckenstrahler reflektieren würden. Unter den Oberschränken und dem Dunstabzug angebrachte Lichtschienen sorgen für eine gleichmäßige Beleuchtung des Herdbereichs und der Arbeitsflächen.

Die kombinierte Küche mit Eßbereich (links) zeichnet sich durch die enorme Deckenhöhe in der Mitte aus. Über dem Eßtisch hängen zwei Lampen mit transparenten Glasschirmen, die direktes Licht auf den Eßbereich werfen. Da die Lampen sehr hoch aufgehängt sind, wurden silberverspiegelte Reflektorlampen verwendet, damit das Licht während des Essens nicht blendet.

rüsten ihre Küchenelemente deshalb schon mit höhenverstellbaren Sockeln aus.

Regale sollten leicht erreichbar sein, um unnötige Belastungen des Rückens zu vermeiden; wenig genutzte Utensilien verwahrt man am besten auf den oberen Regalborden. Sie sollten eine stabile Trittleiter zur Hand haben, damit Sie bei Bedarf mühelos an alles herankommen.

Legen Sie ruhig Wert auf gute Sitzmöbel. Barhocker eignen sich gut für Frühstückstheken, wo man auch einmal einen Aperitif trinkt, während der Koch das Essen zubereitet. Falls diese Hocker jedoch die einzige Sitzgelegenheit sind, sollten sie unbedingt mit einer Rückenlehne ausgestattet sein. Der Küchentisch und seine Stühle zählen häufig zu den am meisten genutzten Möbelstücken im gesamten Haus und sollten deshalb bequem und vielseitig

Natürliches Sonnenlicht kann die Atmosphäre jedes Raums sehr stark beeinflussen, und lichtdurchflutete Küchen laden direkt zum Kochen und Genießen mit der Familie oder Freunden ein. Diese Küche (oben) hat nicht nur ein nach Süden gerichtetes Fenster, sondern auch ein Oberlicht direkt über der Kochinsel, die tagsüber den Raum mit Sonnenlicht durchfluten. Das von dem natürlichen, matten Boden reflektierte, gedämpfte Tageslicht unterstreicht das leuchtend frische, grün-weiße Farbschema des Raums. Am Abend sorgen eingelassene Deckenstrahler, Wandlampen, ein Kronleuchter sowie zahlreiche Kerzen für eine wohnliche Atmosphäre.

verwendbar sein. Das Einnehmen der Mahlzeiten ist nur ein Aspekt – oft dient der Küchentisch auch zum Erledigen der Schularbeiten, zur Führung des Haushaltsbuchs oder als Arbeitstisch für diverse Hobbys.

Licht und Luft

Eine gut durchdachte Küche ist eine gut beleuchtete Küche. Dabei bietet eine einfühlsame Kombination von natürlichem und Kunstlicht die effektivste Lösung. Die Bereiche, die der Vorbereitung oder Dekoration von Lebensmitteln dienen, benötigen helles Licht – tagsüber möglichst viel Tageslicht und am Abend künstliche Beleuchtung. Auch eine Spüle in der Nähe des Fensters erfordert eine zusätzliche Beleuchtung, um Küchenarbeiten wie den Abwasch möglichst mühelos zu gestalten. Unter Oberschränken angebrachte Lichtschienen oder Spots sorgen für eine durchgängige Beleuchtung der Arbeitsflächen, ohne Lichtinseln zu schaffen.

Mehrere, in die Decke eingelassene Halogenspots erhellen den gesamten Raum gleichmäßig, während Strahler so gedreht werden können, daß ihr Licht gebündelt auf einen Bereich fällt – beispielsweise auf eine Arbeitsplatte oder ein Regal mit kostbarem Porzellan und Glas. Eine gedämpfte, stimmungsvolle Beleuchtung läßt sich mit Hilfe einer Zugpendelleuchte erzielen, die je nach Bedarf nach unten gezogen oder nach oben geschoben wird. Auf diese Weise kann man auch den Arbeitsbereich während des Essens »ausblenden«.

Wenn Sie in Ihrer Küche nicht nur entspannt arbeiten und essen, sondern sich auch zu anderen Gelegenheiten gerne dort aufhalten wollen, dann ist eine gute Be- und Entlüftung besonders wichtig, die Kochdünste und

Wasserdämpfe absaugt und die Bildung von Kondenswasser verhindert. Direkt über dem Kochfeld angebrachte Dunstabzugshauben, deren Abluftrohr nach außen führt, sorgen für eine ausreichende Belüftung und sind effizienter als Systeme mit austauschbaren Filtern, die die Luft nur umwälzen. Allerdings sind diese Systeme ein hervorragender Kompromiß, wenn der Herd zu weit von einer Außenwand entfernt steht. Für diesen Fall werden aber auch Herde mit integriertem, direkt an der Kochfläche befindlichem Abzugssystem angeboten, das die Kochdünste absaugt.

Die Raumtemperatur der Küche wird bei der Planung ebenfalls gerne übersehen. Falls genügend Platz vorhanden ist, ist der Einbau von thermostatgesteuerten Heizkörpern am einfachsten. Fußbodenheizungen – ein uraltes Heizsystem, das bereits die Alten Römer kannten – bieten sich besonders für Küchen mit Stein- oder Marmorböden an. Eine weitere Alternative bilden Wärmepumpen, deren Heizungsrohre nicht nur Strahlungswärme abgeben, sondern auch die Luft erwärmen, und die entlang der Wände in den Boden eingelassen, hinter Fußleisten versteckt oder in die Sockel der Küchenmöbel eingepaßt werden können. Besonders bedienerfreundlich sind Heizlüfter, die sich unauffällig und platzsparend in den Sockeln der Unterschränke unterbringen lassen. Manche Geräte besitzen zusätzlich einen Lüfter, der kühle Luft erzeugt und sich für wärmere Regionen anbietet.

Eine effiziente Heiz- und Belüftungsanlage macht nicht nur das Kochen angenehmer, sondern ermöglicht es auch, daß man sich direkt danach zum Essen hinsetzen und in einer frischen, von Kochdünsten gereinigten Umgebung entspannen kann.

LICHTSPIELE

Die Farbgestaltung der Küchenwände in einem leuchtenden Blauton erfordert Mut und einige Grundkenntnisse über Licht und seine Auswirkungen auf Farbe. Diese Wände (links) wirken deshalb lebendig, weil sie von drei doppelverglasten Oberlichtern beleuchtet werden, die während des gesamten Tages für genügend natürliches Licht sorgen. Am Abend übernehmen lange Halogenlampen diese Aufgabe, die im Gegensatz zu Leuchtstoffröhren ein sehr schmeichelhaftes, tageslichtähnliches Licht produzieren, das angenehm für die Augen ist. Der Herdbereich und die umliegenden Arbeitsflächen werden von der Beleuchtung in der Dunstabzugshaube erhellt, wobei die Metallplatte hinter der Kochmulde die Wand nicht nur vor Fettspritzern schützt, sondern auch das Licht in den Raum reflektiert.

Wenn Sie regelmäßig in der Küche essen, sollten Sie daran denken, daß eine angenehme Beleuchtung sehr zum Wohlbefinden beiträgt und das Einnehmen der Mahlzeiten zu einem Vergnügen macht. Natürliches Tageslicht ist besonders schmeichelhaft für Speisen und Menschen, und Kerzenlicht verwandelt selbst das schlichteste Gericht in einen wahren Augenschmaus.

RAUM-AUSSTATTUNG

Bei der dekorativen Gestaltung Ihrer Küche haben Sie nahezu unendlich viele Möglichkeiten. Unzählige Farben und Oberflächenstrukturen stehen hier zur Verfügung. Häufig ergibt sich die Raum-ausstattung einer Küche fast wie von selbst, und die einzelnen Elemente fügen sich zu einem Ganzen. Mit etwas Mut zum Ungewöhnlichen können Sie Ihre eigenen Ideen verwirklichen und eine Küche von subtiler, aufsehenerre-gender oder eleganter Ausstrahlung schaffen.

FARBE UND STRUKTUR

Während die meisten Menschen sich selbst an die Planung ihrer Küche wagen und es als Herausforderung betrachten, alle benötigten Gerätschaften innerhalb des zur Verfügung stehenden Raums unterzubringen, schrecken sie vor der Wahl eines bestimmten Farbschemas zurück.

Der Einrichtungsstil der Küche sowie das Erscheinungsbild der großen Elektrogeräte beeinflussen die Entscheidung über die verwendeten Farben und Oberflächenstrukturen von Wänden, Böden und Arbeitsflächen beträchtlich. Wenn man sich einmal für ein bestimmtes Möbelprogramm entschieden hat, ergibt sich die Grundfarbe der Küche oft von selbst. Und nicht zuletzt können auch Geschirr, Glas und anderes Küchenzubehör für Farbakzente in Ihrer Küche sorgen.

FARBIGE WÄNDE

Bei dieser Küche (links) entstand durch die Verwendung kräftiger Farben eine mediterrane Atmosphäre. Die mitternachtsblauen Ober- und Unterschränke kontrastieren sehr schön mit dem Orangeton der Wand, der sich auch in den diversen Terrakottatönen der Fliesen wiederfindet. Die Wand wurde zunächst mit mehreren Schichten Latexfarbe in einem dunklen Cremeton versehen und anschließend hauchzart mit verdünnter Farbe auf Wasserbasis im Farbton *Siena gebrannt* gestrichen, so daß ein besonders leuchtender Farbauftrag entstand.

Mit Farben und Lacken lassen sich die preisgünstigsten Dekoeffekte erzielen. Bei dieser Küche (rechts) sind die holzverkleideten Wände, Decken und Schränke in farblich aufeinander abgestimmten Schattierungen von Hellblau und Meergrün gehalten, die exakt zu den Tönen der Dekorationsstoffe passen.

Bevor Sie größere Mengen Farbe kaufen, sollten Sie zunächst mehrere kleine Testflächen streichen. Denn der tatsächliche Farbton kann sich deutlich vom Muster im Farbfächer unterscheiden und muß daher unbedingt vor Ort beurteilt werden.

FARBRATGEBER

- Große, sonnige Küchen eignen sich für jede Grundfarbe, während kleine, dunklere Räume meist helle, luftige Farben erfordern.

- Vorwiegend abends genutzte Küchen kommen durch kräftige, dunkle Farben besser zur Geltung, die bei Kunstlicht warm wirken und bei Kerzenschein förmlich zu leuchten beginnen.

- Alle Oberflächen sollten strapazierfähig sein; dazu können unter Umständen mehrere Schutzschichten aus Klarlack erforderlich sein.

- Der Wandbereich zwischen Ober- und Unterschränken sollte mit einer robusten Oberfläche aus bunten Fliesen oder wasserfester Farbe geschützt werden. Sie können diesen Bereich zusätzlich mit Haltevorrichtungen für glänzende Kellen oder andere Utensilien versehen.

- Die Arbeitsflächen können als horizontale Farbbänder dienen, die mit der restlichen Kücheneinrichtung kontrastieren oder harmonieren. Je nach Verwendungszweck bieten sich unterschiedliche Materialien und Oberflächenstrukturen an – kombinieren Sie doch einmal hell gebeiztes Holz mit Schiefer.

Wände

Die meisten Küchenwände werden auch heute noch weiß oder in einem hellen, neutralen Farbton gestrichen, um den Raum optisch zu vergrößern. Dadurch bleiben die Möglichkeiten aufregender Farbkombinationen ungenutzt. Sie könnten zum Beispiel einen bestimmten Farbton eines Ihrer Küchenelemente exakt reproduzieren oder eine Schattierung wählen, die einen starken Kontrast dazu bildet. Eine Bauernhausküche kommt beispielsweise durch verschiedene frische Farbtöne besonders schön zur Geltung, die die Farben der Natur widerspiegeln – warme Cremetöne, Buttergelb, frisches Blattgrün und sanfte Himmelblauschattierungen. Und da Dispersionsfarbe zu den preiswerteren Dekomaterialien zählt, ist ein zu gewagter farblicher Fehlgriff leicht zu korrigieren. Dennoch lohnt es sich, zunächst nur eine kleine Menge der gewünschten Farben zu kaufen und sie an verschiedenen Stellen auf der Wand auszuprobieren. Für Küchen und insbesondere für

MUSTER UND STRUKTUREN

Die Fliesen der Abriebgruppe IV sind sehr strapazierfähig, und da sie sich gut reinigen lassen, eignen sie sich für Wände, Böden und Arbeitsflächen. Damit sich keine Ritzen bilden, sollten vor allem handgefertigte Fliesen mit ihren häufig unregelmäßigen Rändern vorzugsweise von einem professionellen Fliesenleger verarbeitet werden.

Der Spritzschutz aus diagonal gemusterten Fliesen (links) nimmt noch einmal den blaugrauen Farbton der Maserung der Marmorplatten von Arbeitsflächen und Eßtisch auf. Mit den gleichen Fliesen wurde auch der Sockelbereich zwischen den Unterschränken und dem Boden verkleidet.

Die meisten Menschen mögen keine Tapeten in der Küche, aber wenn diese wasserabweisend oder mit einer dünnen Schicht aus wasserfestem Klarlack versehen sind, spricht objektiv nichts gegen ihre Verwendung. Die etwa auf halber Höhe verlaufende Holzleiste (rechts) trennt die witzige, selbstentworfene Tapete von einer schlichten *trompe-l'oeil*-Malerei, die den Eindruck einer Sandsteinmauer erzeugt.

MIT BEIDEN FÜSSEN
AUF DEM BODEN

In jeder Küche benötigt der Bereich
unmittelbar vor den Arbeitsflächen
besonderen Schutz, da Wasserspritzer,
heruntergefallene Obstschalen und
Krümel empfindlichen Böden innerhalb
kürzester Zeit stark zusetzen. Hier
(rechts) wurden leuchtend gelbe und
grüne Fliesen auf gleicher Höhe mit
einem Holzboden verlegt. Dabei handelt
es sich nicht nur um eine wirtschaftliche
Lösung – das Verfliesen des gesamten
Bodens kann sehr teuer sein –, sondern
auch um eine dekorative Gestaltung
eines häufig vernachlässigten Küchen-
bereichs, ohne daß dadurch eine unru-
hige Wirkung zu erzeugt wurde. Das
stilisierte florale Randdekor verbindet
und trennt gleichzeitig die beiden
Bereiche. Die Unterschränke sind in
einem hellen Gelbton gestrichen und
bilden einen Übergang zwischen den
kräftigen Farben des Bodens und den
strahlend weiß gefliesten Wänden.

   Da man in der Küche wesentlich mehr
auf den Beinen ist als in anderen Räumen, kann ein harter Boden sehr ermüdend für Füße und Beine sein. Wenn Sie
das Erscheinungsbild von Fliesen jedoch
nicht missen möchten, bieten sich Kunst-
stoffböden mit entsprechendem Dekor an.

die Bereiche um Spüle und Herd empfiehlt sich die Verwendung von abwaschbaren Latexfarben. Wenn Koch- und Eßbereich ineinander übergehen, kann eine gemusterte Tapete wohnlicher wirken als eine unifarbene Rauhfasertapete. Es gibt einige Tapeten, die zum Schutz vor Wasser- und Fettspritzern mit Klarlack überstrichen werden können; allerdings verändern sich dadurch manchmal die Farben.

Böden

Teppich-, Kokos- oder Sisalböden eignen sich nicht für den Küchenbereich, auch wenn das gesamte Haus mit diesen Böden ausgelegt ist und der Eindruck einer großzügigen, ununterbrochenen Fläche erzeugt werden sollte. Stimmen Sie statt dessen die Farbtöne der verschiedenen Bodenbeläge aufeinander ab. Vielleicht soll der Küchenboden aber auch einen deutlichen Kontrast zu den anderen Böden bilden, oder Sie wählen ein Schachbrettmuster aus mehreren Farben, das eine große Fläche optisch verkleinert.

Stein- und Schieferplatten sowie Keramikfliesen sind äußerst strapazierfähig, aber ermüdend für die Beine, gefährlich für zerbrechliche Gegenstände und fußkalt.

Massive Holzböden müssen sorgfältig verlegt und mit einer strapazierfähigen Versiegelung versehen werden, damit sie wasserbeständig bleiben. Laminat und Kork sind zwar preiswerter, sollten aber ebenfalls auf einem absolut ebenen Boden verlegt und mit mehreren Schichten versiegelt werden. Bereits vorhandene Holzdielen kann man abschleifen und mit einer verdünnten Emulsionsfarbe auf Wasserbasis streichen, bevor sie erneut versiegelt werden. Versiegelt man die abgeschliffenen Dielen direkt, erhält man einen schönen, natürlich wirkenden Boden.

PRAKTISCHE FLIESEN

Das diagonal verlaufende Schachbrettmuster aus blauen und weißen Fliesen an der Rückwand wurde beim Boden mit Hilfe von blauer und weißer Farbe wieder aufgenommen (links oben). Die Holzdielen müssen absolut eben sein und dürfen keine Ritze aufweisen, um einen solch überzeugenden Eindruck zu erzeugen. Bevor Sie mit dem Streichen beginnen, muß jedes Quadrat vorgezeichnet und mit Kreppband exakt abgeklebt werden. Sobald die Holzdielen in den gewünschten Farben lackiert sind, muß der gesamte Boden (auch die nicht gestrichenen Bereiche) mit mehreren Schichten aus wasserfestem Klarlack versiegelt werden.

Berücksichtigen Sie bei der Raumausstattung auch die Nebenräume. Die Farbgebung des traditionell gestalteten Raumes im Vordergrund (links unten) setzt sich in der modernen Küche fort. Dabei dient das Gelb der Küchenschränke als optisches Bindeglied. Dieser lebendige, warme Farbton bildet einen deutlichen Kontrast zu den kühlen, grauen Steinplatten – die in mediterranen Küchen jedoch sowohl für das Auge wie auch für die Füße eine Wohltat sein können.

LEUCHTENDE OBERFLÄCHEN

Diese geschwungene Küchenzeile mit mattglänzenden Fronten und Türen in einem kräftigen, ruhigen Blauton (großes Bild, ganz rechts) paßt hervorragend zu glänzendem Edelstahl und Glas und bildet einen neutralen Hintergrund für eine bunte Sammlung unterschiedlichster Keramikgegenstände und Küchenutensilien.

Qualitativ hochwertiges Holz besitzt eine ausdrucksstarke Maserung, die im Laufe der Zeit eine schöne Patina annimmt. Hier (oben rechts) kontrastieren die Fronten aus warmem Holz mit den grauen und gebürsteten Metalloberflächen und schaffen so eine elegante, wahrhaft moderne Küche mit klaren Linien.

Diese ursprünglich traditionelle Küche (unten rechts) hat ein ausgesprochen modernes Erscheinungsbild erhalten: Die Schränke sind mit Metall verkleidet und mit außergewöhnlichen Türgriffen versehen. Bevor man sich zum Kauf einer neuen Küche entschließt, sollte man über die Modernisierung der vorhandenen Elemente nachdenken. Sie können die Arbeitsflächen austauschen, alte Türen überstreichen oder neue Türen einsetzen.

MIT FARBEN GESTALTEN

- Einfarbige Böden erzeugen den Eindruck einer großzügigen, ununterbrochenen Fläche, während kunstvolle Muster optisch verkleinern.

- Berücksichtigen Sie bei der Wahl der Grundfarbe auch die farbliche Gestaltung der angrenzenden Räume. Achten Sie darauf, daß die Übergänge zwischen den verschiedenen Bodenbelägen nicht zur Stolperfalle werden.

- Verändern Sie das Ambiente je nach Jahreszeit, indem Sie Teppichläufer, Vorhänge, Kissen, Tischdecken und sogar Bilder austauschen.

- Natürliches Licht ist die beste Form der Beleuchtung und sollte so gut wie möglich genutzt werden.

- Dunkle Küchen lassen sich durch einen großen Spiegel, der das Tageslicht reflektiert, beträchtlich heller gestalten.

- Sonnenlicht erhellt die Küche nicht nur, sondern heizt sie auch auf. Mit verstellbaren Jalousien oder Sonnenblenden können Sie die Helligkeit und Temperatur regulieren. Vorsicht bei Naturholz: Es dunkelt bei Sonneneinstrahlung nach.

- Blumen, Pflanzen, Obst und Gemüse sorgen für frische Farbtupfer.

Linoleum zählt zu den besonders vielseitigen Bodenbelägen: Es ist fußwarm und trittweich, wasserbeständig, pflegeleicht und – das Beste daran – aus natürlichen Materialien gefertigt. Durch verbesserte Herstellungsverfahren ist dieser Bodenbelag heute noch strapazierfähiger als früher und in einer Vielzahl von Farben und Oberflächendekoren – wie Marmor, Holz, Fliesen – erhältlich. Eine weitere preiswerte Lösung sind Vinylböden, die als Platten und »Fliesen« angeboten werden. Qualitativ hochwertige Bodenbeläge erkennt man an der größeren Dicke; das macht sie fußwärmer und geräuschärmer. Kaufen Sie die beste Qualität, die Sie sich leisten können, und achten Sie darauf, daß die Böden sorgfältig verlegt werden, so daß keine Ritzen entstehen.

Arbeitsflächen

Arbeitsflächen sorgen für horizontale Farbbänder in der Küche. Es gibt keine Regel, die besagt, daß alle Arbeitsflächen aus dem gleichen Material gefertigt sein müssen; allerdings sollten sie zu den Küchenelementen und Schrankfronten passen, auf denen sie aufliegen. Und natürlich müssen sie strapazierfähig und möglichst hitzebeständig sein. Granit und Schiefer sind besonders strapazierfähig, aber auch recht teuer und erfordern einen Fachmann, der sie perfekt einpaßt. Auch Marmor ist ein natürliches Material, das gut zu lackiertem oder unbehandeltem Holz paßt und durch seine kühle Oberfläche in der Küche von großem Nutzen ist. Arbeitsflächen aus Holz wie etwa Eiche, Buche und Ulme bekommen im Laufe der Zeit eine schöne Patina, müssen aber regelmäßig neu versiegelt werden.

ZARTES LOCHMUSTER

Die Türen der Unterschränke (Seite 60, links) sind dunkelgrün lasiert. Der Kehlstoß der Türkassetten ist in einem kontrastierenden, frischen Grünton gestrichen. Obwohl es sich um neue Schränke handelt, sehen sie durch die Lasur schon leicht abgenutzt und mit der Zeit gealtert aus.

Moderne, Marmor- oder Granitplatten imitierende Kunststoffmaterialien können zugeschnitten und so zusammengefügt werden, daß die Nahtstellen kaum sichtbar sind (links). Die Vorderkante der Arbeitsplatte ist abgerundet, steht leicht über und schützt so die darunter befindlichen Schränke. Der sanfte, gedämpfte Grauton der Arbeitsfläche wird von den Fensterrahmen noch einmal aufgenommen und paßt gut zu dem Gelbrosaton der oberen Wände und der Decke.

Mit Mustern durchbrochene Schranktüren (rechts) eignen sich besonders gut für Küchenschränke, weil sie Luft durchlassen (gut für Lebensmittel) und trotzdem den Inhalt schützen. Ein attraktives Mosaik aus blaugrauen und rosafarbenen Kacheln verleiht der Arbeitsfläche ein zartes Flair.

Dagegen ist Teakholz, das im Bootsbau vielfach Verwendung findet, von Natur aus wasserabweisend; allerdings profitiert auch dieses Holz von einer regelmäßigen Behandlung mit Öl. Darüber hinaus sind im Handel eine Fülle an Kunststoffarbeitsflächen in einer enormen Vielfalt an Farben und Oberflächenstrukturen erhältlich, die individuell zugeschnitten werden. Sie weisen dann keinerlei Nahtstellen auf.

Fliesen und Kacheln lassen sich ebenfalls auf Arbeitsflächen verlegen – entweder passend zum Spritzschutz an der Rückwand oder zu einem dekorativen Design arrangiert, das den Bereich zwischen der Arbeitsplatte und den Oberschränken schmückt oder sogar zum gefliesten Boden passen kann. Achten Sie darauf, daß die gewünschten Fliesen für die Verwendung als Arbeitsflächen im Küchenbereich geeignet sind (höchste Abriebstufe) und vollkommen eben auf einer Massivholz- oder Hartfaserplatte verlegt sowie mit wasserdichtem Fugenmörtel verfugt werden. Bedenken Sie, daß Fliesen keine ganz glatte Oberfläche aufweisen. Edelstahl hingegen, der in den meisten Restaurantküchen Verwendung findet, ist vollkommen glatt und hygienisch. Dieses Material ist strapazierfähig und leicht zu reinigen; allerdings benötigen Sie auf einer Edelstahlarbeitsfläche eine separate Holz- oder Marmorfläche für die Vorbereitung von Gemüse.

Die mit Abstand preiswerteste Lösung stellen Laminatoberflächen dar. Allerdings sollten Sie nicht zu den billigsten Angeboten greifen, weil diese meist nicht hitzebeständig sind und leicht verkratzen oder sich verfärben. Dagegen verfügen qualitativ hochwertige Laminate nicht nur über alle Vorteile natürlicher Materialien, sondern lassen sich farblich miteinander kombinieren.

KOMFORT
UND SCHICK

Obwohl diese Kochinsel (Seite 62, oben) eine Doppelspüle mit Abtropffläche und eine Gaskochmulde umfaßt, wirkt sie geräumig und großzügig. Die Glasplatte hinter dem Kochfeld dient als eine Art Schutzschild, um Dampf und siedendheiße Fettspritzer von dem Vorbereitungsbereich für Lebensmittel auf der anderen Seite der Kochinsel fernzuhalten. Über der Spüle angebrachte Schränke bieten Platz für die wichtigsten Küchenutensilien.

Die blassen Farbtöne dieses Spritzschutzes aus blauen, grünen und steinfarbenen Kacheln und die mattgrün gestrichenen Schränke (Seite 62, unten) harmonieren farblich mit den durchscheinenden Glaskannen und Flaschen darüber. Die Arbeitsfläche aus Massivholz unterstreicht die natürliche Ausstrahlung dieser Küche.

Diese schmale, einzeilige Küche (großes Bild, links) befindet sich in einem Durchgang. Naturholz, weiße Farbflächen und polierter Edelstahl ergänzen einander zu einem ausgesprochen eleganten und stilvollen Design, das an Einrichtungen moderner Cafés erinnert und zugleich einen funktionalen Arbeitsbereich bietet.

Der Teufel steckt im Detail

Selbst das dezenteste Farbschema läßt sich mit Hilfe farbenfroher Accessoires, Geschirrteile und Küchenutensilien auflockern. Leuchtend bunte Lacktischtücher verleihen dem Küchentisch nicht nur mehr Farbe, sondern schützen auch seine Oberfläche. Aber auch Stühle bieten viele Gestaltungsmöglichkeiten: Durch einen neuen Anstrich oder attraktive Stuhlkissen läßt sich die Grundfarbe der Küche noch einmal aufnehmen.

Vasen mit frischen Blumen oder große Kannen mit Blütenzweigen schenken jedem Raum mehr Frische und verändern zeitweilig sein Farbschema. Auch Schalen mit leuchtend roten Paprikaschoten oder frischem Obst verwandeln einen einfarbigen Raum kurzfristig in ein Farbenmeer. Auch blühende Zimmerpflanzen können die harten Linien eines Einrichtungsstils »aufweichen«. Allerdings müssen Sie sie dem Mikroklima Ihrer Küche entsprechend auswählen und sollten sie auf keinen Fall auf hohe Schränke stellen, denn dort erhalten die Pflanzen meist zu wenig Licht, und man vergißt leicht das Gießen. Ein Kasten mit Kräutern auf der Fensterbank bietet nicht nur einen frischen Anblick, sondern versorgt den Koch auch das ganze Jahr mit pflückfrischen Aromazutaten.

Fensterdekoration

Bei der Gestaltung einer Küche sollte man unbedingt versuchen, möglichst viel Tageslicht in den Raum einfallen zu lassen. Aber wenn zwischen der Küche und den Nachbarn nicht viel Platz ist, fällt der Balanceakt zwischen dem Bemühen um möglichst viel Licht und dem Bewahren der Privatsphäre nicht immer leicht. Auch die Belüftung spielt eine wichtige Rolle: Deshalb sollten sich die Fenster leicht

ACCESSOIRES

Diese Sammlung antiker Siebe, Pfannen und Backformen (Seite 64) ergibt an der schlichten weißen Wand eine attraktive und farbenfrohe Collage. Wer diese Idee auch bei sich verwirklichen möchte, sollte unbedingt darauf achten, daß jeder einzelne Gegenstand stets vor Sauberkeit glänzt. Auch an einer Relingstange hängende Töpfe und Pfannen (Seite 65, unten) müssen glänzen, wenn sie nicht nur jederzeit griffbereit sein, sondern auch einen attraktiven Anblick bieten sollen.

Warme, sonnige Fensterbänke eignen sich hervorragend als Standort für Küchenkräuter (rechts) – wie etwa Petersilie, Basilikum, Schnittlauch und Kerbel. Kleine Tontöpfe und dicke Kräuterbündel in Gläsern kommen immer gut zur Geltung und erfüllen den Raum mit frischem Duft.

Bei diesem Küchenblock (ganz oben rechts) gleicht kein Handgriff dem anderen. Die unterschiedlichen Blattformen sind natürlich aufeinander abgestimmt – eine elegante, stilvolle Lösung. Die dunkel gestrichenen Kehlstöße der Auszüge sorgen nicht nur für ein interessanteres Profil, sondern dienen auch als Rahmen für jeden Griff.

SCHÖN HOCH

In dieser sehr schmalen Küche mit ausgefallenem Grundriß (links) wurde eine ganze Wand mit Schränken und Schubladen versehen, so daß ausreichend Stauraum zur Verfügung steht. Selbst der obere rechte Schrank ist problemlos zugänglich, dank einer über die ganze Breite führenden Metallstange, an der eine einfache Leiter eingehängt werden kann. So wird jeder Zentimeter Raum genutzt – dies sollte für jeden kleinen Raum gelten, ist aber für Arbeitsplätze wie eine Küche oberstes Gebot.

Aus ergonomischen Gründen ist es sinnvoller, wenn man die D-Griffe an Türen vertikal und an Auszügen horizontal anbringt – sie lassen sich so leichter bedienen.

Eine dieser Schubladen läßt sich zu einem kleinen Tisch ausziehen, der nach dem Gebrauch wieder in die Wand zurückgleitet und bündig mit den anderen Küchenelementen abschließt.

Dunstabzugshaube, ein integrierter Dunstabzug und ein leicht zu öffnendes Fenster erwiesen sich als unschätzbarer Vorteil, da die von vier Gasbrennern und einem Backofen aufsteigende Hitze, die bei größeren Essen entstand, in diesem winzigen Raum andernfalls unerträglich geworden wäre.

Falls Ihnen die Idee einer offenen Planung zusagt, sollten Sie sich auch mit den Folgen beschäftigen, die die Zusammenlegung der Funktionen einer Küche und eines anderen Raums mit sich bringt. Hierbei spielt die problemlose Reinigung und Pflege eine entscheidende Rolle – denn nur dann können Sie schnell aus der »Kochphase« in die »Ent-

spannungsphase« in der anderen Hälfte des Raums wechseln, ohne ständig an die noch anstehenden Aufräumarbeiten erinnert zu werden. In kleinen Küchen ist der Geschirrspüler noch wichtiger als in einer Küche mit großen Abstellflächen, da herumstehendes, schmutziges Geschirr das Weiterkochen unmöglich macht und auch unordentlich aussieht. Eine andere Möglichkeit besteht darin, die gesamte Küchenzeile hinter einem Paravent zu verstecken oder den Raum mit Hilfe von Spots und niedrig aufgehängten Lampen so geschickt auszuleuchten, daß der Arbeitsbereich förmlich im Dunkeln verschwindet, während der Wohnbereich im Licht erstrahlt.

OFFENE PLANUNG

Eine Alternative zur kleinen Küche besteht darin, Koch-, Eß- und Wohnbereich in einem Raum zu kombinieren. In den sechziger Jahren wandelte man in Städten wie New York ehemalige Industrieetagen in Ein-Zimmer-Apartments oder »Lofts« um, in denen alle Elemente eines Hauses, bis auf das Badezimmer (und manchmal selbst dies), in einen durchgehenden »Lebensraum« integriert wurden. Die besondere Anziehungskraft dieses Lebensstils liegt in der großzügigen, hellen und offenen Weite dieser Räume. Der Kochbereich erfordert allerdings auch hier eine sorgfältige Planung, vor allem eine gute Be- und Entlüftung ist eine absolute Notwendigkeit.

Diese L-förmige Küche (links) wurde unter einem der Fenster des Raums aufgebaut und verfügt zusätzlich über einen starken Dunstabzug über dem Herd. Um das großzügige Erscheinungsbild des Apartments nicht zu zerstören, gibt es keine Hängeschränke; die Stauflächen bleiben auf die Unterschränke begrenzt, und nur drei gläserne Regalböden beherbergen eine kleine Auswahl von Küchenutensilien aus Glas und Chrom.

Kompromißfähig

Wer einen konventionellen Lebensstil pflegt, aber nur eine kleine Küche besitzt, der muß bei den Haushaltsgeräten Kompromisse eingehen: Begnügen Sie sich mit zwei Kochplatten, einer Einzel- anstatt einer Doppelspüle und einem Kühlschrank mit Gefrierfach anstelle einer Kühl-Gefrier-Kombination. Darüber hinaus bieten sich noch eine Reihe weiterer multifunktionaler, platzsparender Lösungen an: So findet man Doppelspülen mit einem über den Spülen verschiebbaren Arbeitsbrett und Herdflächen mit Abdeckungen, die geschlossen weiteren Arbeitsplatz bieten.

Es gibt schmale Geschirrspüler, die das Geschirr einer Familienmahlzeit aufnehmen können, und doch weniger Platz brauchen als ein Standardgerät. Die Waschmaschine sollte in einem anderen Raum als der Küche untergebracht werden.

Platz schaffen

Viele Modeberater raten ihren Kunden, alle Kleidung auszusondern, die sie seit einem Jahr nicht mehr getragen haben. Der gleiche Rat läßt sich auch auf eine Küche anwenden – denken Sie nur an das Eßservice, das Sie zwar im Schlußverkauf erworben, aber noch nicht einmal aus der Verpackung genommen haben. Wenn Sie sich nicht davon trennen können, verstauen Sie die Kartons unter Ihrem Bett und benutzen Sie den neu gewonnenen Raum für Gegenstände des täglichen Gebrauchs. Das gleiche gilt für Fischmesser-Sets, Friteusen, Leinenservietten, Fondue- und Raclettegeräte, elektrische Entsafter usw. Solche Dinge müssen – falls Sie denken, daß Sie sie doch noch einmal benutzen – auf keinen Fall ständig in der kleinen Küche untergebracht werden.

Ein Lebensstil

Sie sollten lernen, Ihre Einkaufsgewohnheiten der Größe Ihrer Küche anzupassen. Die flexibleren Ladenöffnungszeiten sind ideal für Besitzer kleiner Küchen, die nun täglich auf dem Heimweg von der Arbeit einkaufen gehen können. Ein Großeinkauf würde die Kapazitäten eines kleinen Kühlschranks sprengen. Zwar können Sie immer

KOMBÜSEN

Selbst in der kleinsten Küche läßt sich ein Eßplatz einrichten. Vor dem Umbau gab es in dieser Küche (rechts) nur ein relativ schmales Brett unter dem Fenster, das als Frühstückstheke diente. Als die neuen Besitzer erkannten, daß hier aufgrund der Aussicht und des überreichlich vorhandenen natürlichen Lichts der ideale Eßplatz war, entschlossen sie sich, ein Podest einzuziehen, das genug Platz für einen Tisch und zwei Stühle bietet. Dank der Trennwände, die den Funktionsbereich der Küche begrenzen, bleiben die Arbeitsflächen während der Mahlzeiten weitgehend außer Sicht. Diese Trennwände dienen zugleich als Stützen für je zwei Regalborde auf beiden Seiten der Küche. Selbst in dieser Miniaturküche konnten Herd, Geschirrspüler, Waschmaschine sowie ein Schrank und zwei Schubladenblöcke untergebracht werden. Halogenlampen sorgen für genügend Licht auf den Regalen; obwohl kleiner als gewöhnliche Glühlampen, erzeugen sie einen konzentrierten Strahl aus hellem weißem Licht. Die Arbeitsflächen werden dagegen von Lichtschienen beleuchtet, die unter den unteren Regalbrettern angebracht sind.

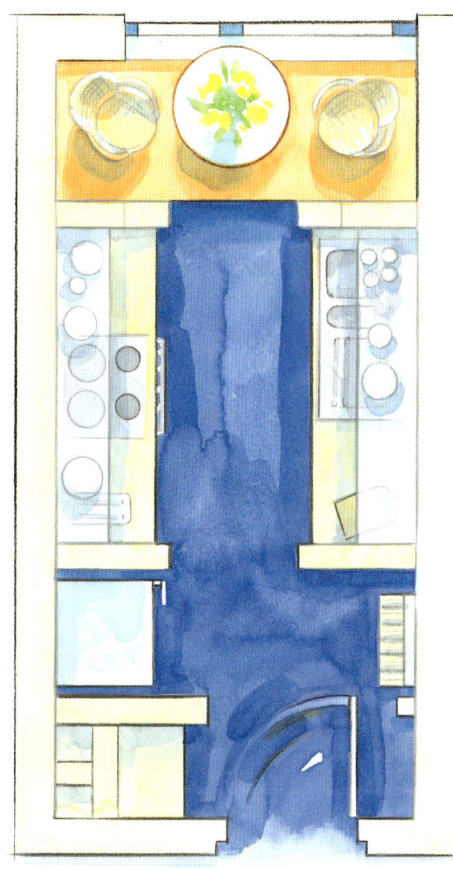

Küchenmöbel

Entscheiden Sie sich nach Möglichkeit für eine ausziehbare Theke oder einen Klapptisch und Klappstühle, die kaum Platz benötigen, wenn man gerade nicht darauf sitzt.

Nach Maß angefertigte Einbaumöbel sind für kleine Küchen erschwinglicher als für größere Räume. Lassen Sie sich im Küchenstudio die komplette Auswahl an Organisationshilfen für das Schrank- und Schubladeninnere zeigen. Auf einer attraktiven Abtropffläche, in einem ebenso attraktiven Abtropfgitter können Ihre Teller ruhig immer stehen, und brauchen gar keinen Platz im Schrank.

Ein »Apothekerschrank« – ein tiefer, schmaler Ausziehschrank, der vom Boden bis in eine Höhe reicht, die man gerade noch sicher erreichen kann – ist ideal für kleine Küchen, die häufig unverhältnismäßig hoch sind. Der von beiden Seiten zugängliche Schrank mit Fächern in verschiedenen Höhen, deren gesamter Inhalt nach dem Ausziehen gut zu überblicken ist, bietet im allgemeinen mehr als ausreichend Platz für sämtliche trockenen Lebensmittel. Hohe Schubladen sind auch für Flaschen viel praktischer als konventionelle Schränke mit Türen, in denen die Flaschen doch hintereinander stehen müßten.

Langstielige Gläser sollte man besser über Kopf zwischen zwei Holzleisten unter einen Oberschrank hängen. Stapelbare Porzellan- und Glaswaren, Töpfe und Behälter benötigen weniger Platz als schlecht zusammenpassende Einzelstücke. Eine gut durchdachte kleine Küche zeichnet sich vor allem dadurch aus, daß alle Gegenstände den jeweiligen Bedürfnissen entsprechend einen festen Platz einnehmen, wobei der zur Verfügung stehende Raum nach logischen Gesichtspunkten analysiert und so gut wie möglich ausgenutzt wurde.

noch wirtschaftlich vorteilhafte Großeinkäufe von Konserven und trockenen Lebensmitteln tätigen, aber Sie sollten sich darauf einstellen, nur einen kleinen Teil davon griffbereit zu lagern; der Rest wird etwas weniger leicht zugänglich untergebracht werden müssen. So sind die Stauräume unter den Kojen vieler Yachten häufig nicht mit Kleidungsstücken, sondern mit lange haltbaren Lebensmitteln gefüllt.

Eine ganze Küche von der Größe eines
kleinen Wandschranks ist nichts Unge-
wöhnliches. Variationen zu diesem The-
ma finden sich in zahllosen Souterrains
in ganz Paris. Ein Leben im Zentrum einer der Weltmetropolen erfordert –
sofern man nicht über sehr viel Geld
verfügt – immer Kompromisse. Aber da
Restaurants hier in unmittelbarer Nähe
liegen, ist es in solchen Haushalten
möglich, die Küche auf ein absolutes
Minimum zu reduzieren: Die Bewohner
können jederzeit auswärts etwas essen
und benötigen daher keine perfekt ausgestattete Küche. Leidenschaftliche
Köche müßten einem anderen Raum ein
paar Quadratmeter »abzwacken«.

HINTER VERSCHLOSSE-
NEN TÜREN

In diesem winzigen Apartment im Zentrum von Sydney wurde eine Wand in eine Küche verwandelt – und bis auf Spüle und Kühl-Gefrier-Kombination hinter selbstgebauten Türen und Schubladenfronten verborgen. Der Gesamteindruck erinnert beinahe an eine Skulptur: eine Reihe geometrischer Formen in unterschiedlichen Schattierungen von Weiß.

Jedes Element wurde speziell für das darin untergebrachte Haushaltsgerät oder Küchenutensil angefertigt. Die Kochmulde steckt in einer Schublade, und eine herunterklappbare Schranktür, hinter der sich das Frühstücksgeschirr verbirgt, dient zugleich als Arbeitsplatte, wobei der Schrank noch ein maßgerechtes Extrafach für den Mixer aufweist. Ein Fach von ähnlicher Größe – allerdings mit einer nach oben aufklappbaren, feststellbaren Tür verbirgt eine Mikrowelle.

Wenn das Essen fertig ist, verschwindet die gesamte Küche wieder dezent hinter ihren glatten weißen Türen.

■ 77

REGISTER